KB265612

울지마, 내일이 있으니까

울지마, 내일이 있으니까

울지마, 내일이 있으니까

초판 1쇄 인쇄일_2013년 01월 25일
초판 1쇄 발행일_2013년 02월 01일

지은이_고환택
펴낸이_최길주

펴낸곳_도서출판 BG북갤러리
등록일자_2003년 11월 5일(제318-2003-00130호)
주소_서울시 영등포구 국회대로 72길 6 아크로폴리스 406호
전화_02)761-7005(代) | 팩스_02)761-7995
홈페이지_www.bookgallery.co.kr
E-mail_cgjpower@hanmail.net

ⓒ 고환택, 2013

ISBN 978-89-6495-046-3 03320

이 도서의 국립중앙도서관 출판시도서목록(CIP)은 e-CIP홈페이지(http://www.nl.go.kr/ecip)
와 국가자료공동목록시스템(http://www.nl.go.kr/kolisnet)에서 이용하실 수 있습니다.(CIP제
어번호 : CIP2013000229)

울지마, 내일이 있으니까

| 고환택 지음 |

BIG 북갤러리

요즘 우리 사회는 모두 다 힘들다고 말한다. 그렇다고 해서 하던 일을 그만둔다든지, 가던 길을 멈추면 되겠는가.

인생은 마음먹기 달려있다고도 한다. 어떤 마음을 갖고 사느냐에 따라서 실패할 수도, 성공할 수도 있는 것이다.

지금 당장 마음 아파 울고 싶을지라도 내일의 희망이 있기에 이 순간을 버티며 일어서야 한다. 지금 당장 죽고 싶은 심정일지라도 이 세상엔 나 혼자만이 아니라는 생각을 해보면 한순간에 모든 것을 포기할 수만은 없는 일이다. 외롭고 괴로울지라도, 왜 내 인생만 이럴까, 나만 왜 이렇게 생겨먹었을까를 생각하며 주저앉아 있을 수만은 없다.

가까운 주변을 돌아보라. 그동안 자신이 살아온 과거를 회상해보라. 모두가 다함께 더불어 사는 세상이라는 사실도 알게 될 것이다.

역경은 사람을 강하게 만든다. 필자 또한 중소기업을 운영하면서 숱한 어려움과 질곡의 늪을 헤맨 적이 많았다. 여기서 그만 둘까? 모든 걸 포기할까? 사업을 하면서 겪어야 했던 필자의 고뇌와 좌절 그리고 재기 과정에서 부르짖는 애절한 절규를 이 한 권의 책에 담아보았다.

어떠한 일이 있어도 꿈을 놓지 말라. 인생이 그렇고, 사업이 그렇다.

모든 사람이 날이면 날마다 햇빛만 보고 살아갈 수는 없다. 인생살이 희로애락이 있는 것처럼, 사업도 영광이 있으면 시련과 좌절도 겪게 마련이다.

그 과정을 겪어본 필자로선 오히려 힘든 일이 있을 때 그때가 축복이란 사실도 배웠다. 비록 남들처럼 화려하지도 않고, 내세울 만한 큰 성공은 아닐지라도 작지만 당당하게 시련을 헤쳐 온 그 잔잔한 성공스토리를 이 책을 통해서 세상에 알리고 싶다.

작은 소망을 담아 또 다시 독자들 곁으로 다가간다. 예전에 출간했던 《철든 놈이 성공한다》, 《성공은 바보다》에 이어 세 번째 책을 세상에 내어 놓는다.

이번 책은 불확실한 요즘의 시류에 가장 잘 맞는 글이라는 출판사의 권유로 그간 출간했거나 필자의 개인 블로그를 통해 쓴 글들을 다시 모은 것이다.

요약하자면, 다함께 '성공의 에너지로 내일을 맞이하자' (성공의 章), 그리고 내 인생 '힘들어도 울 수 없었다' (고난의 章), 결코 '이 세상엔 나 혼자만이 아니다' (동행의 章), 무엇보다도 '꿈을 향한 철저한

준비와 실천'(도전의 章), 내 나름의 '성공 인생, 폼 나고 멋지게 살
자'(인생의 章) 등이다.

성공, 성공한다고 해서 모두가 성공할 수는 없다. 반면 지금까지 실
패만 연속으로 한다고 해서 모두가 실패하는 것도 아니다. 성공과 실
패, 슬픔과 웃음 사이에 여러분은 어느 곳에 속하고 싶은가. 이 책을
읽는다고 해서 모든 것이 해결되는 것도 아니다. 하지만 이 한 권의 책
을 통해 그간 좌절과 방황 속에서 시름했던 지난 시간을 홀홀 털어내
고 새 희망을 꿈꿀 수 있다면 더할 나위 없이 좋은 결실을 맺는 일일
것이다.
울지 말자. 왜? 우리에게는 '내일'이 있으니까!
그리고 죽지 말자. 그래도 아직은 살만한 세상이 아니던가.

2013년 1월
행복한 '철쟁이' 고환택

Chapter 1

성공의 章 – 성공의 에너지로 내일을 맞이하자

Chapter 2

고난의 章 - 힘들어도 울 수 없었다

Chapter 3

동행의 章 - 이 세상엔 나 혼자만이 아니다

Chapter 4

도전의 章 - 꿈을 향한 철저한 준비와 실천

Chapter 5

인생의 章 – 성공 인생, 폼 나고 멋지게 살자

성공의 章

"성공의 에너지로
내일을 맞이하자"

울지 마,
내일이 있으니까!

아파도 울지 않는 이유는

내일이 있기 때문이다.

힘들어도 견딜 수 있음은

내일이란

희망의 선물이 있기 때문이다.

가난의 고통에서

절망의 깊은 늪에서

고통의 사슬에서

이별의 아픔에서

'내일',

너마저 없었다면
내 인생 외로웠을 텐데.

그나마 내일이란 선물이 있어
힘든 세상
용기 내어 걸어가는 듯하다.

쫄지 마,
쫄기엔 넌 너무 젊잖아!

울지 마, 내일이 있잖아.

쫄지 마, 쫄기에는 넌 너무 젊잖아.

슬퍼 마, 그래도 넌 희망이 있으니…….

그까지 것 인생

어디가 끝인지 가보자꾸나.

바닥까지 한번 가보자꾸나.

배짱으로 살아 온 우린데

여기서 멈출 수가 없지…….

지금 울기에는 너무 빠르다.

우리에겐

내일이 있고

젊음이 있고

희망이 있는데

지금 운다는 건 사치 아닌가?

왜 열심히 사느냐?
묻는 이에게……

할 것 다했는데 '왜 그렇게 열심히 사느냐?' 라는 질문을 받는다.

이룰 것 다 이뤘는데 '뭘 그리 더 할라고 용쓰느냐?' 라고 의아해 한다.

그럴 때마다 나는 말없이 고개를 가로 젓는다. 그리고 반문을 한다.

'뭘 다 해?', '뭘 다 이뤄?'

내가 욕심이 많아서가 아니다.

세상살이 재미를 몰라서가 아니다.

내가 더 큰 꿈을 향해 나아가는 이유는,

내가 더 열심히 일하는 이유는,

내가 더 배우려는 이유는 오직 하나다.

다 행복하니까 한다.

모두 즐거우니까 한다.

그리고 남은 이유, 단 하나의 이유는 열심히 노력해야 부족함이 보이기 때문이다.

성공의 노예라서 아등바등 대는 것이 아니다.

살아가면서 무언가 부족함을 느낄 때 '맞아!' 하고 느끼는 나만의 희열(喜悅)이 좋고 스스로 부족함을 채우며 걷는 발걸음이 좋다.

그것이 열심히 사는 이유다.

일찍
철든 남자

고등학교 1학년 때 아버님이 작고 하셨다.

유산으로 물려받은 것이라고는 단 하나 '너 스스로의 몸짓으로 세상을 향해 소리쳐라.'

'차전초'로 개명한 나의 인생은 그렇게 시작되었다.

질경이가 되자.

흔하게 어디에서나 볼 수 있는 야생초지만 생명력 하나만큼은 남에게 지지 말자.

마차가 지나가도, 설령 자동차가 짓밟아도 나의 생명력은 결코 주눅들지 않겠다.

나는 비록 길가에서 외롭게 자라지만, 외롭기에 세상을 향해 더 큰 소리로 외쳐대고 싶다.

어느 누가 밟을지 모르는 길섶에 자라기에 항상 죽지 않으려 살아 깨어 있어야 한다.

험한 세상……. ‘차전초(車前草)’ 질경이. 그렇듯 의연하고 당당하게 살아 온지 어언 30년.

이제야 행복한 웃음을 짓는다.

지난날 나를 짓밟은 마차나 자동차도 한마디 원망 없이 품고 살아갈 여유마저 생겼다.

이 세상 그 어떤 부모도 남기지 못한 유산 중에 가장 큰 유산을 받은 행운이란 생각이 든다.

3개의 눈을
가진 사람

남들은 두 개의 눈으로 세상을 살아간다.

한결같이 두 개의 눈으로 세상을 살아가는 사람들…….

그나마 똑바로 눈을 뜨고 세상을 살면 다행이련만 대부분 많은 사람들이 두 눈을 깜박이거나 아예 체념해 두 눈을 감아버리는 사람이 많으니 참으로 슬픈 현실이라 하겠다.

남보다 세상을 앞서 가려고 발버둥치는 나, 똑같이 살아서는 남보다 앞서 갈 수 없기에 나는 똑바른 '3개의 눈'을 가지고 세상을 살아간다.

두 개는 부모님이 주신 눈이고, 한 개는 내가 스스로 만든 '내 마음의 눈'이다.

내 마음의 눈은 비무장지대의 초병과 같이 언제나 내 꿈이 살아있는

지 유심히 바라보았다.

배움 그리고 일을 향한 나의 노력이 다하는지, 내 인생의 행복과 즐거움을 진정으로 느끼며 사는지, 언제나 내 곁에서 잠도 잊은 채 나를 살펴주었다.

잔설처럼 느껴지는 흰 머리 그리고 30년의 세월!

변함없이 나와 함께 걸어 온 '내 마음의 눈.'

한편으로는 그 녀석 때문에 꼼짝달싹 못해 하는 내 자신이 우습기도 하고, 때로는 힘들기도 했지만 지금 생각하면 내 인생 곁길로 가지 않고 이렇게 행복한 웃음을 지을 수 있게 된 고마움이 모두 수호신 같은 '내 마음의 눈' 덕분이 아닐까?

내게 너무 고마운 마음뿐이다.

행운을 가져다 준 고마운 만남

내게 행운을 가져다 준 고마운 만남이 있다. 그것은 책과의 만남이었다. 지금도 떼려야 뗄 수 없는 고마운 책은 언제나 내 인생을 굳건히 지켜주는 '빽'이 되어준다.

고등학교, 대학시절 그리고 군에 있었던 시절 경제적으로 그리 녹록치 않은 환경에서 책을 많이 본다는 것은 사치였다.

책장에 자리하고 있는 빛바랜 책을 바라본다. 문득《중소기업지도론(中小企業指導論)》,《왜 벌써 절망합니까》라는 2권의 책이 눈에 들어온다. 신입사원 시절《중소기업지도론》을 정독하면서 미래의 CEO를 꿈꾸며 책이 번득일 만큼 읽고 또 읽었다.

그 덕에 나는 꿈꾸어 왔던 대로 'CEO'가 되었다. 사업을 시작하자마자 승승장구……. 세상 부러울 게 없었다.

세상은 공평한 것일까? 아니면 운명의 장난인가? 'IMF' 태풍으로 그동안 이루어 왔던 공든 탑이 무너졌을 때 다행히 내 손엔 정문술 님의 《왜 벌써 절망합니까》라는 책 한 권이 손에 쥐어 있었다.

《왜 벌써 절망합니까》. 49세 나이로 미래산업을 창업하신 저자의 책을 읽으며 난 아직 30대 후반인데 절망이라는 표현조차 상상할 수가 없었다.

책은 나에게 세상을 당당하게 살아가는 꿈을 주었고, 사업을 하는 길, 성공으로 향하는 길을 알려 주었으며 돌부리에 걸려 넘어졌을 때 절치부심(切齒腐心)할 수 있는 새로운 모티브를 주었다.

책은 내 인생에 있어 스승이자 나의 든든한 '빽'이었다. 기쁠 때는 기쁨의 노래를, 슬플 때는 슬픔을 딛고 일어서는 용기와 자신감을 주었다.

책이 있는 세상은 아름답다.

세상에 가장 값진 투자는 책에 대한 투자요, 책에 대한 투자야말로 최소 비용으로 최대의 효과를 내는 미다스의 손이라는 사실을 나는 말하고 싶다.

걱정하지 말고
즐겁게 살아라

서울 퇴계로 4가 한복판에 당당히 선 남자가 있었다. 가진 것이라곤 꿈밖에 없었던 빈손의 빡빡 머리 청년이 이십여 년 전의 내 모습이다.

청운의 꿈을 안고 회사의 신입사원으로 들어가 하는 일이라고는 궂은일이나 잔심부름이 전부였다. 짜증은 났지만 궂은일 마다 않고 받아들였다.

속 넓은 바다는 온갖 더러운 물이 흘러 들어와도 스스로 정화하며 산다. 내 마음은 파도를 닮았는지 스스로 걱정되는 일, 짜증나는 일을 삼켜 버렸다. 불평하면 무엇하랴. 그럴 때일수록 삶에 긍정적인 마인드를 더하기 위해 더 크게 노래를 흥얼거렸다.

Don't Worry be Happy!

노래가 주는 희망의 메시지 덕일까? 그렇게 시작된 인생이 고맙게도 지금까지 유지되고 있으니 참으로 고마울 따름이다.

젊은 날……. 내가 가진 것이라고는 오직 꿈밖에 없던 시절, 나에게 큰 위안이 되고 위로가 되었던 노래가 있었다.

마티 로빈스(Marty Robbins)의 Don't Worry 그리고 바비 맥퍼린 (Bobby McFerrin)의 Don't Worry be Happy이다.

지금도 가끔 콧노래를 부른다.

세상에 어떠한 일이 있더라도 너는 쓰러지지 않아. 반드시 멋지게 살 거야. 그러니 하루……. 기쁘게 살아

그렇게 마음을 추슬렀던 젊은 시절……. 노래 한 곡 그리고 기쁘게 살고자 하는 마음 하나가 인생을 바꾸는 큰 힘을 가지고 있다는 것을 새삼 느껴본다.

오늘도 행복한 웃음 많이 지어야지……. ㅎㅎㅎ!!

Don't worry, be happy. 걱정하지 말고 즐거워 해…….
Don't worry, be happy 걱정하지 마, 기쁘게 살아야지.
돈 worry, 만사 worry, 일 happy, 내 인생 happy…….

낙심은
금물이다

현실이 아무리 힘들고 어렵더라도

세상이 나를 잔인하게 속일지라도

낙심하지 말아야 한다.

낙심이란 옷은 아무나 입는 옷이 아니다.

그 옷은 오직 게으른 자와 패배주의자가 입는 옷이다.

나는 힘들고 어려울 때마다 입는 옷이 있다.

내 마음의 옷장 깊숙이 박혀있는 화려한 옷

'열정' 이란 예쁜 무늬가 아로새겨진 멋진 옷

나는 그 옷을 입고 힘든 세상과 당당히 맞서 싸웠다.

내가 열심히 할 때, 세상은 나를 외롭지 않게 해줄 거라는 믿음을 가

졌다.

내가 애써 가고자 할 때 세상은 나를 위해 반드시 길을 열어 주리라는 확고한 믿음을 가졌다.

결국 사소한 마음 하나가 나를 춤추게 했고, 그것이 세상과 싸워 이기는 무기가 되었다는 것을 10년이 지난 후 알게 되었다.

시련의
두 얼굴

나에게 있어 시련은 언제나 보약이었다.

시련의 보약을 먹으며 터득한 시련의 얼굴은 2가지라는 사실을 알기까지 많은 세월이 흘렀다.

시련은 2가지의 선물을 동시에 손에 쥐고 나타난다.

시련의 한 손에는 80% '고통'과 다른 한 손에는 20%의 '새로운 기회'를 가지고 온다.

그래서 80%의 많은 사람들이 시련으로 고통을 겪는다.

대체로 '고통'을 겪는 80%의 많은 사람들은 자신의 아픔을 남의 탓으로 돌리기를 즐겨하고, 자신의 책임보다는 남을 먼저 원망하는 사람들이다.

반면, 시련을 '새로운 기회'로 여기는 20%의 사람들은 도전의 기회가 주어짐을 감사하게 여기고 모든 책임을 자신에게 돌리는 용기 있는 사람들이다.

똑같은 시련일진대 한 사람은 시련을 통해 더욱 더 단단해지고, 한 사람은 시련의 쓰나미에 스멀스멀 폐인이 된다.

그래서 시련이 무섭다.

시련의 아픔을 원망하면 고통은 두 배로 증가하고, 도전의 기회를 달게 받아들이면 기쁨은 여덟 배가 된다.

그래서 시련은 보약인 것이다.

나는 이것을 '인생 시련 따따블의 법칙'이라 말한다.

내 인생의
상한가

주식(株式)아! 주식(株式)아! 많이 올라라.

나와는 상관이 없으니.

주식(stock)아! 주식(stock)아! 많이 떨어져라.

나와는 해당사항 없으니…….

주식 전광판에 빨간불 들어오듯 오늘도 내 인생 열정의 상한가를 꿈
꾸어 본다.

객장의 사람들이 환호성을 지르듯 오늘도 내가 하는 일에 상한가를
소리쳐 본다.

그렇듯 내가 먹는 주식(主食)은 따로 있다.

내가 투자하는 주식(主食)은 따로 있다.

그것은 바로 내가 매일 하루도 거르지 않는 꿈과 열정이란 우량주
이다.

나는 날마다 투자의 고수답게 꿈과 열정이란 종목만을 찾아 무한 베
팅을 한다.

그래서 대박이다. 그래서 인생 역전이다.

꿈과 열정의 종목만을 투자하는 내 인생은 언제나 붉은 색의 축제
이다.

오늘도 어김없는 상한가다. 너무 행복하다.

시련과 고통의
두 얼굴

인생을 살다 보면 누구나 시련과 고통의 벽에 부딪히게 되어 있다. 세상에 아무리 많은 천복(天福)을 가지고 태어났다 해도 그 사람에게도 시련과 고통의 벽은 반드시 존재한다.

시련과 고통의 벽은 두 얼굴을 가지고 있다. 열심히 산 사람은 시련과 고통의 벽이 스티로폼 벽으로 다가와 능히 그 벽을 뚫고 재도약을 하게 되지만, 세상을 열심히 살지 않은 사람에게는 차가운 철벽으로 다가와 벽을 뚫고 빠져 나오려고 발버둥치는 만큼 오히려 많은 상처만 남게 되는 두 얼굴을 가지고 있다.

운명 탓하지 말자. 팔자 탓하지 말자. 세월을 살다 보면 누구나 겪는 시련과 고통이다. 스티로폼 벽을 깨고 오히려 스티로폼을 바닥에 깔고

더 높은 곳으로 도약하는 사람이 될 것인가? 아니면 철재 벽을 두드리며 팔자타령할 것인가? 선택은 본인의 몫이다.

겨울은 춥고 길어야 봄 햇살의 소중함을 아는 것처럼 인생 또한 그러하리라. 그러니 어려움이 있더라도 절대 낙심하지 말자. 힘들수록 한 번 더 용기를 내자. 겨울이 제 아무리 길어도 꽃 피는 봄은 오게 되어 있으니…….

미친 듯이 도전해야
이룰 수 있다

며칠 전 〈한국경제신문〉에서 따뜻한 기사를 읽었다.

"부가티 車엔진을 시계로……. 미친 듯이 도전했죠"라고 말하는 주인공 미셸 파르미지아니(60)의 이야기다.

스위스 시계 시장에서 '신데렐라 스토리'를 써 내려가는 CEO의 인터뷰 내용은 자못 매너리즘에 빠져 잠들어 있는 나를 깨워주기에 충분했다. 특히 그가 승승장구하기까지의 비결을 묻는 기자의 질문에,

"미친 척하고 도전한 겁니다. 예술가에게는 약간의 '광기(Craziness)'가 필요하다고 생각해요. 그래야 불가능하게 보이는 일도 도전할 수 있죠. 부가티 시리즈가 바로 그런 예입니다"라고 말했다는 대목에서는 나도 모르게 '아! 바로 저건데……' 라는 탄성이 우러나옴을 느꼈다.

우리나라가 아무리 잘 살아도 '미셸 파르미지아니'와 같은 장인(匠人)이 나오지 않는다면 대한민국의 미래는 어둡다고 단언하고 싶다. 장인의 손끝에서 나오는 세계일류 상품이 끊임없이 나와야 비로소 대한민국의 미래도 밝아지는 것이다.

나부터 반성하려 한다. 좀 더 큰 목표를 갖자. 그리고 미친 듯 도전해보자. 세계의 명품 하나를 만들기 위해서는 바보짓을 해야 한다. 세상에 태어나 불가능에 도전 한 번 못해보고 가는 것은 슬픈 일이다. 미치광이처럼 '광기(Craziness)' 한 번 부리자. 흥분되는 일에 멋진 투자를 한 번 해보자.

그런 도전의 시기도 지금이요, 무언가 큰 계획을 잡는 것도 지금이라는 사실이 나를 춤추게 한다. 나를 위한 무대는 준비되었다. 이런 멋진 '인생의 무대'에서 신나게 춤을 추지 못한다면 두고두고 후회할 것 같다.

살아있는 시간

세상은 참으로 불공평하다는 생각이 든다.

하루 24시간 똑같은 시간을 부여 받으면서도 어떤 사람은 살아있는 시간을 받고, 어떤 사람은 죽어있는 시간을 받는다.

살아있는 시간은 부지런한 긍정의 시간이요, 죽어있는 시간은 게으름의 부정적 시간이다.

긍정의 시간은 꿈을 이루게 하지만 부정의 시간은 인간을 지치게 만든다.

아침에 눈을 뜨면 지체 없이 달려가 감사한 마음으로 긍정의 시간을 받아라.

살아있는 시간을 많이 받고 긍정의 시간을 소중히 활용한 사람이 늘

성공의 앞자리에 앉았기 때문이다.

세상에는 20%의 살아있는 시간과 80%의 죽어있는 시간이 있다.

나와 함께 하는 24시간 속에는 긍정의 시간이 몇 %나 될까?

성공을 예약하라

새해 아침에는 남들보다 부지런하게 성공예약, 행복예약을 해야겠다. 이 세상에 흩어져있는 성공의 양, 행복의 양은 영화관의 객석처럼 자리하고 있을 테니까.

한정된 공간, 한정된 자리를 차지하려면 예약은 필수가 되어버린 지 오래다. 그럼에도 불구하고 먼저 달려가 예약을 하는 습관은 게으름을 부렸던 것 같다. 슬픈 자화상이다. 내년에도 예의바른(?) 악습을 답습할 수 없어 미리 애드벌룬에 공기(?)를 주입하고 있다. 오늘따라 내 손이 바쁘다. 공기를 많이 불어 넣으면 넣을수록 내 꿈이 높이 오를 수 있음을 아는 모양이다.

눈 내리는 오후! 나도 모르게 내 시선은 이미 창공 높은 데 미리 가 있다. 벌써 새해 첫 아침이 기다려지는 이유다.

그래서 그런지 오늘따라 제주에서 맞을 새해의 일출이 기다려진다. 떠오르는 붉은 해만큼이나 더 강렬한 열정을 가슴에 품고 와야겠다는 생각이 든다. 이왕이면 좀 더 많이 가져와 이웃에게도 나누어 주었으면 한다. 내가 아는 이웃들도 나와 같이 기쁜 마음으로 '성공예약', '행복예약'을 할 수 있게끔 말이다.

이래저래 설레는 연초가 될 것 같은 예감이 든다.

바보야,
행동패턴을 바꿔봐

나는 열심히 하는데 왜 안 될까? 투정을 한다.

에~이. 잘되기가 뭐~ 그렇게 쉽나? 늘 비관적이다.

투정이 심한 사람, 하는 일마다 비관적인 사람, 그들을 향해 한마디 툭 던지고 싶다.

'바보야, 행동패턴을 바꿔봐!' 라고…….

토끼에게도 가는 길이 있다.

물고기에게도 가는 길이 있다.

하물며 성공으로 가는 길에 길이 없다면 말이 안 된다.

사람은 어느 누구에게나 반드시 길이 있고 반드시 성공할 수 있는 자격은 누구에게나 있다.

다만, 그 해답을 찾지 못해 방황하고 우울해 할 뿐이다.

무엇인가 해도 안 될 때는 자신의 행동패턴을 과감하게 바꾸는 용기가 필요하다.

원하는 좋은 것과, 할 수 있는 좋은 것은 다르다.

내가 할 수 있는 일을 찾아 신나게 즐길 수 있는 맞춤 일을 찾는 것 그리고 그 일에 집중하는 것이 필요하다.

그와 같은 행동패턴의 변화가 나를 변화시키게 되고 변화된 나의 모습은 내가 원하는 일을 이룰 수 있는 동력이 된다는 사실을 한시도 잊어서는 아니 되겠다.

누구에게나 아침이 있듯, 누구에게나 성공의 길이 있다.

골 문 밖으로 백 번을 차봐라. 골이 들어가나…….

골은 유효 슈팅 안에 존재하는 법이다.

CEO의 사명

하루 일과를 마치면 신경 쓴 일이 많다고, 머리가 무겁다는 핑계로 밤거리 방황을 하려한다.

이것저것 업무 스트레스 받았다는 핑계로 거리를 누비려 한다.

그만한 일……. 다 배부른 소리다.

그깟 일……. 자고 나면 그만인 것을…….

괜히 일 핑계를 대고 헛시간 보내지 마라.

죄 없는 일은 슬프다.

아무리 힘들어도……. 그래도 너는 행복하다.

너는 사장이라서 돈이라도 가진 게 있지, 너는 사장이라고 뛰쳐나가 술이라도 마실 수 있지.

그 시간에 주머니 헐렁한 직원들의 마음은 어떤지 한 번 생각이라도 해봤니?

괜히 너 혼자 세상 짐 다 지고 가는 척하지 마라.

때론 너도 힘들겠지만 네 밑에서 일하는 직원들은 더 힘들다.

CEO는 언제나 강해야 한다.

CEO는 언제나 웃음을 잃지 않아야 한다.

그것이 CEO의 사명이다.

나를 향한 반성의 시간, 쌀쌀한 겨울날씨보다 더 매서운 인간적인
부끄러움이 나를 훑고 지나간다.

힘들다고 투덜대던 하루를 반성하며……

나만의 성공캐릭터를
만들어라

세상이 무어라 하듯 내 인생, 나만의 캐릭터를 만들어 나간다는 것은 참으로 의미 있는 일이라 하겠다.

세상 한복판에서 오늘을 살아가는 인생, 평범하기보다는 나만의 독특한 개성이나 이미지를 연출하고 싶다.

연극이나 소설에 등장하는 주인공만 캐릭터가 있는 것이 아니다.

성공으로 향하는 나의 길에도 성공이 요구하는 캐릭터가 있다고 생각한다.

성공을 위해 나는 어떠한 모습의 캐릭터로 하루를 살아가는지 스스로에게 묻고 싶어진다.

숭고한 내 인생(오늘따라 '숭고(崇高)하다' 라는 표현을 쓰고 싶다),

어떠한 환경에서도 빌빌거리지 않고 성공을 향해 멋지게 치고 달리는 캐릭터로 당차고, 개성 있고, 야무진 캐릭터로 살아가고 싶다.

성공이란 만화에 캐릭터가 없으면 슬픈 일이니…….

자정소리

시계 초침은 자정을 알린다.

거래처 납기 때문에 자정 무렵에야 퇴근한 직원들에 대한 미안함과 애처로움이 시계초침 돌 듯 내 마음속을 후비며 돌아간다.

직원들 고생시키는 사장 같아서 마음이 아려온다.

아직 저녁도 먹지 못했건만 뱃속도 주인의 마음을 아는지 오늘따라 조용하기만 하다(기특한 놈……).

직원들 퇴근한 텅 빈 사무실, 조용히 생각에 잠겨본다.

바쁘다는 것, 일이 많다는 것 '그나마 다행인 줄 알아', '그나마 행복한 줄 알아.'

자신을 향해 넌지시 얘기하는 사이 시계 초침은 내일을 알린다.

오늘 하루! 또 그렇게 바쁜 하루가 갔다.

거래처도, 직원들도, 말없이 흘러간 시간까지도 모두 감사하고 또
감사할 일이다.

에구! 하루 고생한 몸, 국밥이라도 한 그릇 먹고 들어가야지…….

기본에
충실하라

왜 기본이 그렇게 중요하다고 말할까?

수학공식이 그렇고, 스포츠도 그렇다. 직장생활도 그렇고, 나아가 사업도 마찬가지다. 학교 다닐 때부터 귀가 닳도록 들은 이야기다.

성공한 CEO들에게 '성공을 하기까지 어떤 점이 성공의 비결이었느냐?' 하는 질문을 던져보아라. 그 질문에 가장 먼저 튀어나오는 말이 '기본에 충실했다'는 말일 것이다.

이는 18년 동안 사업을 하며 느낀 나의 소회이기도 하다.

성공을 하기까지 '내 자신에게 가장 고마운 것이 있다면?' 그것 역시 18년 동안 변함없이 기본에 충실했던 나의 삶이라 말할 수 있다.

직장인이건, 사업을 하는 CEO이건 알아야 한다. 내 삶의 기본 중에 기본이 근태(勤怠)라는 사실을…….

근태(勤怠)는 부지런과 게으름의 기준이요, 정시 출근과 지각 또는 결근의 기준이다. 근태(勤怠) 하나 바로 하지 못하면서 승진을 원하는가? 근태(勤怠) 하나 바로 하지 못하면서 사업 성공을 바라는가? 우리들의 자화상이다.

불경기를 탓하는 사람은 많다. 그러나 자기 자신을 향해 강하게 자신의 게으름을 탓하는 사람은 참 보기 힘든 것 같다. 기본 중에 기본도 모르면서 사업을 하려 한다. 기본 중에 기본도 모르면서 성공하려 한다. 소(牛)가 웃을 일이다. 그러니 어려울 수밖에……. 그러니 힘들 수밖에…….

출근의 달인

미련스럽게 그리고 바보같이…….

그렇게 살아 온 10년.

그래! 나 미련스럽게 살았다.

맞아! 나 바보처럼 살았어.

자수성가를 꿈꾸는 젊은이들에게

성공을 꿈꾸는 이 땅의 많은 사람들에게

시련을 딛고 알토란같은 성공을 이룬

나의 단순(?)한 경험을 말해주고 싶다.

'오랜 시간 미련스럽게, 바보처럼 일을 하라.'

내가 힘들 때 힘과 용기를 준 것이 '일'이었고, 내가 지칠 때마다 반겨주는 곳은 '일터'였다.

일과 일터를 사랑했던 사람, 나도 모르게 '출근의 달인'이 되어 갔다.

한 해, 두 해……. 비가 오나, 눈이 오나…….

그렇게 만 10년 동안 하루도 쉬지 않은 덕분에 알토란같은 인생이 되어버렸다.

세상에서 가장 쉬운, 하지만 한편으론 가장 어려운 달인의 삶.

그동안 나는 기쁜 마음으로 받아들였고, 앞으로도 달인의 삶을 더 고집하며 살고 싶다.

달인이 되어버린 지금이 너무 행복하기에…….

창업 성공을
바라는 마음

며칠 전 가까운 후배가 창업을 결정했다. 힘든 결정이다.

먼저 잘했다고 격려를 했다. 후배는 이제 스스로 창업을 결정한 이상 앞으로 펼쳐질 많은 문제들과 씨름을 해야 하며, 미래에 대한 고민을 많이 할 것 같다. 나에게 새로운 고민이 생겼다는 것은 내가 행동했다는 증거이다. 무언가 행동하지 않고서는 고민이 없기 때문이다.

CEO로서 첫 발을 내딛는 후배이기에 몇 가지 조언을 해주었다.

첫째는, '기본을 지켜라.'

많은 CEO들이 창업을 하면서 기본을 너무 등한시하는 바람에 본의 아니게 어려움을 겪는 CEO들을 많이 보아왔다. 기본 중에 기본을 지키는 것이 사업이다. 일터와 일을 사랑하는 마음, 아침에 눈을 뜨면 회사로 달려가는 마음, 모든 일을 회사 중심으로 생각하는 마음, 고객을 편하게 배려해주는 마음, 모두 CEO가 가져야 할 기본 덕목이다.

둘째는, ‘사업은 미쳐야 한다’ 는 것이다.

미쳐야 된다는 것은 주구장창 일만 하라는 것이 아니다. 사업을 하는 데 장애가 되고, 일 하는 데 방해가 되는 원인의 싹을 잘라내야 한다는 것이다. 때로는 욕도 먹고, 때로는 야속하다고 주변의 원망을 들을지라도 일을 위해, 나와 함께 고생을 하는 직원들을 위해서는 어느 정도의 비난은 감수해야 한다는 것이다. 무엇인가 희생하지 않고서는 온전히 사업을 이루기 어렵기 때문이다.

너무 많은 조언을 해주기 싫었다. 너무 많은 것을 한꺼번에 주입하면 머리만 복잡해질 것 같아서…….

짧은 이야기 같았는데 벌써 소주 두 병이 바닥을 보였다. 시간도 늦었고 마무리를 해야 될 것 같아서 후배를 바라보았다.

조용히 내 말을 듣던 후배의 눈에는 어느새 사업에 대한 강한 의욕과 자신감이 배어있었다. “자! 막잔 건배하자.”

마무리를 하면서 어깨를 툭 쳤다.

“힘내, 잘 될 거야.”

날씨는 쌀쌀해도 내일을 향한 도전의 시작은 그렇게 어두운 밤을 환하게 빛내고 있었다.

행복의 눈은
스스로 떠야 한다

창업을 한 후배에게 쓰디 쓴 고언(苦言)과 함께 따뜻한 말 한마디 전해주고 싶었다. 사람은 두 가지 부류의 사람이 있다. 하나는 행복의 눈을 뜨고 스키를 타듯 인생을 멋지게 활강을 하는 사람과 또 하나는 스키는커녕 눈썰매도 못타며 허우적거리는 사람이다.

부모는 우리에게 세상을 보는 눈은 주었지만 아쉽게도 행복의 눈은 주지 않았다. 행복의 눈은 본인 스스로 떠야 한다. 이 세상 한편에서 서로 공존하며 사는 많은 사람들……

어떤 사람은 행복하고, 어떤 사람은 행복하지 않다고 한들 어찌 하겠는가! 모두 다 본인 스스로 눈을 뜬 사람과 눈을 뜨지 못한 사람의 차이인 것을……

분명 '취업과 창업'은 인간이 행복의 눈을 뜨는 시발점이라 생각된다. 창업으로 행복의 눈을 뜬 후배가 자랑스럽게 보이는 이유도 여기에 있다. 바라옵건대 이왕 행복의 눈을 떴으니 행복을 지속시키려는 노력을 게을리 하지 말라고 부탁을 하고 싶다. 굿럭(good luck)을 바라지 마라. 요행처럼 더 큰 행복이 내 곁에 머물기를 바란다면 그 순간 사업체는 산으로 간다.

급하게 이루려는 마음을 경계해라. 좀 더디고 멀더라도 내가 애써 노력한 만큼만 전진하고, 내가 애써 노력한 만큼만 행복의 파이를 키워가는 멋쟁이가 되었으면 한다.

창업으로 인하여 새롭게 행복의 눈을 뜬 후배의 멋진 파이팅을 기대해 본다.

작은 망태로
큰 물고기를 잡을 수 없다

작은 망태로 큰 물고기를 잡을 수 없다.

큰 물고기 잡으려다 망망대해에 표류하기 십상이다.

지름길 찾지 마라.

지름길 찾다가 낭떠러지 떨어질까 걱정된다.

기업에는 왕도가 없다.

굳이 있다면 그것은 끊임없이 정성을 들이는 방법뿐이다.

큰 물고기가 탐나거든 내가 만드는 제품에 정성을 들여라.

지름길 찾고 싶거든 먼저 고객에 정성을 들여라.

큰 그물 없이 큰 고기 잡을 수 없고,

정성 없이 지름길을 찾을 수 없기 때문이다.

후배에게, 초보 자영업자에게 말해주고 싶다.

지금은 한 땀 두 땀 그물을 짜는 정성이 필요할 때이지 원양어선 조업하듯 쉽게 고기 잡으려 하면 안 된다고…….

작은 정성을 쌓는 마음이 있어야 지름길도 보이는 법이다.

빨리 이루고자 헛물만 켜는 사람들…….

큰 욕심에 사로잡혀 작은 것을 등한시하는 사람들…….

참 양심 없는 사람들이다. 제발 양심 좀 있었으면 좋겠다.

만리장성도 돌멩이 하나하나 쌓은 것이니 무엇을 하나 이룰 때 세월의 흔적 없이, 고난의 상처 없이 이룬 것은 Lotto밖에 없을 테니…….

Part 02
고난의 章

"힘들어도
울 수 없었다"

빈손일 때
행복했다(?)

내 인생의 300 X 300 X 300

빈손.

내 생에 어느 때가 가장 행복했을까? 아마도 빈손일 때가 가장 행복했던 것 같다.

사람들은 의아해 할 것이다. '빈손일 때 뭐가 행복하냐고…….' 하지만 나는 빈손일 때가 내 생에 가장 아름답고 행복했던 것 같다.

물론 따지고 보면 내 형편이 좋아졌기에 편하게 얘기하는 측면도 있다. 하지만 나는 내가 걸어온 길을 보면 언제나 출발은 빈손이었다.

결혼

결혼할 당시에 나는 300만 원을 가지고 장가가겠다고 나섰다. 뻔뻔

했지만, 당당하게 그리고 자신 있게 와이프를 맞았다.

지금 생각하면 월세로 시작한 남산 밑의 쪽방 촌에서의 신혼생활이 내 생에 그 어느 때보다 행복했고, 그때 고생한 지금의 아내가 더 없이 사랑스럽게 느껴진다.

사업

내 나이 34살에 과감히 사표를 던졌다. 알바할 때부터 10년만 직장생활 열심히 하고, 그 후에는 사업하겠노라고 나 자신과 약속했던 터라 두려움 없이 사업에 뛰어 들 수 있었다.

막상 사업을 시작하려니 내 손에는 단돈 300만 원이 있을 뿐이었다. 사업 준비자금 치고는 빈손이나 다름없었다. 지금 생각하면 그때는 겁도 없었던 모양이다.

준비한 사업계획을 추진하기 시작했다. 필요한 것은 돈이었다. 우선 급한 대로 평소 알고 지내던 지인과 맞보증을 서서 다행히 2,000만 원을 대출받았다. 대출금을 손에 쥐면서 내 재산은 오히려 마이너스가 되어버렸다.

또 다시 빈손이다. 그러나 자신 있었다. 밤새 일에 매달리고 또 매달렸다. 내가 하고 싶었던 일이기에 날마다 신바람이 났다.

*　*　*

승승장구하던 나에게 'IMF' 라는 태풍이 몰아쳤다. 할 말이 없었다.

연쇄부도의 힘든 역경에서도 슬퍼하거나 원망하지 않았다. 나를 위해, 가족을 위해 그리고 나와 함께 일하던 직원들을 위해 다시 시작하자고 수없이 나를 달랬다.

재기

다시 시작하려고 있는 돈을 긁어모으니 공교롭게도 300만 원이 전부였다.

이제는 신용불량자가 되어버린 터라 대출도 받지 못한다. 거래처를 찾아다니며 선수금을 먼저 받아 하나둘 풀어가기 시작했다.

처음 사업을 시작할 때 초심으로 돌아가 밤새우고 또 밤을 새웠다. 하나둘 일이 순조롭게 풀리기 시작했다. 오히려 빈손이 되고 보니 일에 더 집중할 수 있었던 것 같다.

그로부터 만 10년이 흘렀다. 이젠 새로운 도전을 시작할 시점이다.

그러나 이제는 겁이 난다. 빈손일 때는 겁이 없었는데, 이제는 어느 정도 기반을 잡고 보니 겁이 난다. 그렇다고 다시 빈손으로 돌아갈 수는 없는 법 아닌가!

빈손이라고 부모를 탓하고, 세상을 탓하는 사람이 없었으면 좋겠다.

빈손일 때가 오히려 '행복한 도전'을 시작하기에 너무 좋은 찬스라는 생각이 든다. 어차피 질 거라면 골키퍼까지 나와서 공격하듯, 미련 없이 도전해볼 찬스가 바로 지금이요, 도전에 성공할 수 있는 무기가 바로 빈손이라는 사실을 알았으면 좋겠다.

빈손, 언제나 나의 시작은 빈손이었듯이…….

다시 빈손

이제부터는 다시 빈손으로 돌아가는 연습을 하고자 한다.

내가 배운 학교를 위해, 나를 키워준 사회를 위해 노블레스 오블리주(Noblesse Oblige) 기부를 통하여 세상을 밝게 하는 일에 앞장서는 아름다운 삶을 꿈꾸어 본다.

빈손이 될 때까지…….

꿈꾸는 것조차
내겐 사치였다

지난 시절 가장 후회스런 게 있다면 내겐 꿈이 없었다는 것이다.

시간 들어가는 것도 아닌데…….

돈 들어가는 것도 아닌데…….

꿈을 갖지 못했다.

가난도 용서된다.

신체적 장애도 좋다.

다만 꿈이 없는 사람과는 친하기가 싫다.

나는 왜? 왜 꿈을 갖지 못했을까?

꿈꾸는 것조차 내겐 사치였을까?

아니다.

내겐 꿈꿀 용기가 없었기 때문이다.

그 용기 없는 사람이 바로 나다.

그때를 후회하는 사람이 바로 나다.

나를 닮는 것은 자유지만, 꿈이 없는 나는 절대 닮지 마라.

꿈 없이 '꿈 장애아'로 살아온 나.

그래서 나는 그때를 후회하며 지금 꿈꾸나 봅니다.

다행인 것은 아직도 꿈꿀 유효기간(?)이 살아있음이 행복합니다.

그 행복, 이제부터라도 예전에 내가 갖지 못한 꿈까지 몽땅 가져 보렵니다.

먼 훗날 후회 않기 위해서 말입니다.

대학 가고픈
열망

고등학교 시절이 생각난다.

박정희 전 대통령의 기능인 양성정책으로 공업계 고등학교가 잘나가던 시절 '조국 근대화의 기수' 란 캐치프레이즈에 공고(공업고등학교) 가면 최고였던 터라 주저 없이 공고를 선택하여 입학하였다. 당시만 해도 대학 들어갈 꿈도 없었고 그저 기술을 배워먹고 살 준비하기 바쁜 시절이었다.

기능경진대회 후보생으로서 아침부터 저녁까지 기능올림픽 대회 준비에 여념이 없었다. 그때만 해도 큼지막한 T자를 옆에 차고 길을 나서면 부러울 게 없이 폼 났던 것 같다.

예전의 운동선수마냥 수업도 받지 않았다. 등교하면 책가방 던지고 실습장에 가서 실습(실기) 연마에 여념이 없었다.

1학년, 2학년 올라가면서 기능만을 연마하는 일에 회의를 느끼기 시작하였다. 꿈도 많았던 소중한 고교시절은 그렇게 흘러갔다.

고등학교 2학년이 거의 흘러갈 즈음 대학을 가고 싶은 나의 갈망이 그동안 '범생'으로만 지내던 나를 깨우기 시작했다. 진로를 바꾸고 싶었다. 기능경진대회에 나가서 금메달 따는 것도 좋지만, 인문계 고교에 진학하여 공부하는 친구들이 너무나 부러웠다. 애써 공부하려 해도 공부할 시간조차 갖지 못하는 현실이 나를 괴롭혔다. 모든 것을 접기로 했다. 단호한 결정이었다.

그 당시만 해도 기능경진대회 중도 포기란 개인의 문제가 아닌 학교 그리고 선생님의 입장도 고려해야 하기 때문에 쉽지 않은 결정일 뿐만 아니라, 포기하도록 내버려두지도 않는 현실이었다. 아마 그때부터 한 고집 했던 모양이다. 확실한 것은 그만두고 내가 하고픈 공부를 다시 하게 되었다는 사실이다. 2년의 수업 공백은 생각보다 적응이 쉽지 않았다. 울면서 따라잡으려 애를 썼다. 하지만 당시만 해도 공업계 고등학교에서 대학에 진학하는 것은 쉽지 않은 현실. 어찌 보면 그 현실을 즐겼는지 모르겠다. 내가 스스로 선택한 길 후회하고 싶지 않았다.

오직 대학을 가기 위해서 최선을 다하겠다는 일념 하나로 공부하고 또 공부를 거듭한 끝에 박사학위를 받게 되었다.

돌이켜보면 30여 년 전 '대학 가고 싶은 열망', 그 열망을 가슴에 품지 않았다면 또 실행해 옮기지 않았다면 어찌되었을까? '오늘과 같은 영광이 있었겠느냐?' 하며 그 시절을 회상하곤 한다.

그때 그 열망을 부채질한 자신에게 다시 한 번 고마움을 느껴본다.

우체통 보는 것이
두려웠다

한동안 우체통 노이로제가 있었다.

폐업한 법인 명의로 날아오는 우편물이 싫었다. 겁이 나서가 아니라 우체통에서 편지를 꺼내는 순간, 옛일이 생각나기 때문이었다. 옛일을 생각하면 일도 손에 잡히지 않는다.

지금은 그저 옛일 까마득히 잊어먹고, 죽자 살자 일을 할 때다. 일 잘하다가도 옛일 생각나면 자신이 초라해지는 게 싫었다. 그렇게 열심히 또한 부지런히 살아온 지 10년(3,650일). 나는 다시 쓰러진 회사를 일으키게 되었고, 완전히 재기한 후에도 근 1년여를 예전과 같이 우체통에 다가서지 않는 습관이 자리하고 있었다.

지금도 직원이 가져다주는 우편물만을 뜯어본다. 마음 편히 나의 우편물을 내 손으로 받는다는 행복(?), 경험하지 않은 사람들은 내 마음을 알 리 없다.

내가 어려웠을 때 나의 제일 큰 소망은 '다시 원점에서 시작했으면……' 하는 것이었다.

'연체자가 무일푼(빈손)에서 다시 일할 수만 있다면……' 하는 게 소원이었던 그 시절, 이젠 어떠한 경우라도 정신 바짝 차리고 하는 사업 열심히 하는 게 나의 꿈이자 소망이다.

오늘도 꿈과 소망을 예쁘게 포장하여 빨간 우체통에 넣는 아름다운 하루가 되었으면 싶다.

눈물 흘릴 시간조차
내겐 사치였다

거슬러 올라가 10여 년 전 IMF 태풍이 몰아치기 2달 전 사업을 시작하고 3년 지난 후의 일이었다. 사업 시작 전 직장생활도 당당하게 했지만 사업 역시 남들이 부러워할 정도로 승승장구하던 때였다. 내게 불가능이라곤 없었던 그 시절 '열심히 하면 무조건 다 된다'는 순진한 생각에 사로잡혀 일에 푹 빠져있을 바로 그때였다.

IMF의 전조를 알리기라도 하듯 IMF의 태풍은 내 사업을 송두리째 덮치고 말았다. 나에겐 이겨내지 못할 엄청난 시련, 그때는 남들처럼 울어야 하는데 이 독한 놈은 울지 않았다. 오히려 너무나 태연한 나를 보면서 스스로 놀라워 했다.

울지 않고 슬퍼하지 않았던 건, 10년이 지난 오늘을 예견했기 때문일까? 그땐 너무 충격적이어서 울 준비도, 울 힘도 없었다. 일에 쫓기다보니 남들처럼 흘려야 할 눈물이건만 울지 못했다. 사내로서 눈물

보이기 싫었고 또 울 여유조차 내겐 사치로 여겨졌다. 아니 울고 싶어도 내 눈물샘은 이미 고갈되어 정작 흘릴 눈물이 없었다.

20년 전(아버님 돌아가셨을 때……)

아직도 아버님을 생각하면 가슴이 저민다.

고등학교 1학년 때 부친의 갑작스런 작고로 인하여 많이 울었던 것 같다. 그때는 하염없이 쏟아지는 눈물 때문에 눈이 퉁퉁 부어버렸고 내 눈을 바라보시던 가족, 친지 그리고 조문객의 마음을 더욱 슬프게 하였다.

그 후 숨 가쁘게 살아오는 길목에선 눈물 따윈 나와 상관없는 일이려니 했던 것 같다.

10년 전(부도 맞았을 때의 아픔)

너무 자만했던 탓일까? 사람이 아무리 자신만만하게 승승장구하며 잘 나가도 눈물샘에 눈물이 마르지 않도록 준비하는 게 도리일진데 그러지 못했던 것 같다.

살면서 혹독하게 나를 시험하던 날이 내게도 다가왔다. 또 한 번 울어야 할 일이 내 앞에 닥친 날, 지금 생각해도 기억이 너무 생생하다. 울어야 하는데 울 수가 없었다. 미처 눈물을 준비하지 못했기 때문일까? 울음을 미리 준비해놓은 바보야 있을 리 없겠지만, 정말이지 내겐 흘릴 눈물이 없었다.

운명을 미리 예견한 사람이 아픔 앞에서도 의연하게 현실을 받아들이듯 울음 대신 헛웃음을 지어야 했던 나는 끝내 눈물을 보이지 않았다. 오히려 담담하게 현실을 받아들이는 순한 남자가 되어버렸다.

지금(재기 성공 후……)

20년 전 그 순수한 학생이, 10여 년 전 모질고 독한 놈이 오늘 우뚝 섰다.

아직도 어머니의 품처럼 포근한 고향에서 혹독하리만큼 모진 눈보라, 비바람, 태풍을 맞고도 우뚝 서있는 소나무를 바라보고 살아서인가? 아니면 내 자식처럼 아끼고 사랑하는 내 회사, 애써 일하던 직장이 폐쇄될지 모르는 불안감에 떠는 직원들의 안타까움 때문이었을까?

지금 생각해보면 그때의 시련이 나를 새롭게 업그레이드 시켜준 하나의 계기가 된 것 같다. 그때 아픈 상처를 치유하던 직원 한 사람, 한 사람의 모습이 떠오른다. 정말이지 그때 직원들이 나를 울지 않게 하고, 오늘의 성공을 가져다준 힘이 되었던 것이다.

눈물 흘릴 시간조차 없도록 만들어준 직원들의 힘, 그 직원들만 옆에 있어준다면 내 인생, 세상 그 누구보다도 따뜻할 것 같은 생각이 든다.

오늘도 토요일이다. 글을 쓰는 순간에도 쉿소리는 계속 귓전에 울린다. 지금 시각 늦은 6시 30분. 직원들은 아직도 일을 마무리하려고 바쁜 손놀림을 하고 있나 보다. 그들과 함께 일하는 행복 다시 한 번 마음의 행복이 내게 밀려온다.

나는 세상 누구보다도 행복한 사람인 듯싶다. 다시 한 번 직원 한명,

한 명에게 고맙다는 인사를 하고 싶다(직원들에 대한 고마움의 보답으로 올해부터 직원 자녀 학비 전액을 회사에서 지급키로 하였다).

예전에 시련이 있을 때 힘이 되어주던 직원들, 지금은 내가 그들의 가슴에 희망을 주고 시련이 있을 때 꼭 껴안아 주는 선장의 역할을 해야 한다. 그것이 그들에게 빚을 갚는 길이요, 열심히 일하는 직원들에 대한 최소한의 예의라 생각한다.

직원은 나의 '라이프 코치'인 듯싶다. 그들만 보면 힘이 나고, 그들만 바라보면 내가 더 부지런해지니 말이다.

'No way out!'

'No way not.' 더 이상 피할 곳이 없다.

10여 년 전 나는 더 이상 피할 곳이 없었다.

열심히 일한 죄밖에 없는데…….

뒈지게 발버둥거리며 살아보려는 생각밖에 없었는데…….

IMF라는 단어조차 알지 못했는데…….

그 엄청난 풍파가 내 발등에 떨어지리라곤 꿈에도 생각하지 못했다.

IMF는 내 집도, 공장도 그리고 고생해 왔던 내 노력의 흔적마저 송두리째 훑고 지나갔다.

전쟁으로 폐허가 된 벌판에 앉아 잃어버린 아들을 생각하며 슬피 우는 모정이 떠오를 뿐이다. 막상 생각하지도 않은 시련, 그 시련이 내 앞에 우뚝 서 있다. 남들은 죽는다고 아우성이고, 외국으로 피신하느라고 야단법석이었다. 운다고 해결되는 것은 아니다. 운명을 탓하기엔 아직 나는 너무 젊다.

　나에게 닥친 불행을 탓하고 싶지 않았다. 내가 운 좋게 피했다 해도 어느 누군가는 그 고통의 십자가를 맺을 것이다. 그나마 다행인 것은 IMF의 위력에도 끄떡하지 않은 내 의지가 살아 있었다는 사실이 나를 위로해 줄 뿐이었다.

　No way out? 나는 더 이상 피할 곳이 없었다. 피할 곳이라고는 오직 한 곳. 나는 내 일터로 몸을 피했다. 일터는 언제나 편했고, 행복했기에 그곳으로 찾아가 내 몸을 깊숙이 숨겼다.

　그로부터 10여 년. 아직도 숨었던 그 일터에서 빠져나오지 않고 나는 일하고 또 일하며 행복하게 살고 있다

　지금 가만히 생각해 본다. 그때 나는 어디론가 숨어야 될 입장. 그럼 어디로 숨어야 할까? 그 짧은 선택의 시간이 오늘의 나를 만들어 준 계기가 된 것이다.

　10년여를 일과 함께 외롭지 않게 살아왔던 나. 지금 생각해보면 '금은보화보다 더 값진 보물은 바로 일(work)이구나' 하는 생각뿐이다. 일이 나에게 준 커다란 행복…….

　세상에서 가장 값어치 있는 일을 품에 안은 나. 오늘도 나는 나를 일으켜준 그 일터에서 내 인생의 '화려한 2막'을 꿈꾸고 있다. 금은보화보다 더 값어치 있는 일에 푹 갇혀 있는 내 인생, 세상 그 어느 누가 나보다 더 행복하단 말이냐!

계약서 들고
원자재상을 찾았다

처녀작 《철든 놈이 성공한다》를 출간하고 며칠이 지나자 여기저기서 인터뷰 요청이 쇄도했다. 처음인지라 낯설고 어색했지만 나의 경험을 많은 사람들에게 소개한다는 자부심이 있었다. 몇 번의 인터뷰가 있었지만 그 중에 기억에 남는 일이 있다.

정동 길에 있는 조용한 카페에서 〈레이디경향〉과 인터뷰한 이야기다. 인터뷰를 하고 있는데 기자로부터 갑자기 "재기하면서 어떻게 돈 한 푼 없이 공사를 할 수 있었느냐?"는 질문이 들어왔다.

"글쎄요………."

잠시 정적이 흐르고 커피 잔으로 손길이 갔다. 순간 옛일이 떠올랐다. 죽으라는 팔자는 아니었던 모양이다. 재기하려는 시점에 돈 한 푼 없이 덜렁 공사는 수주했는데 공사를 시작할 돈이 없어 막막했던 지난 일이 생각났다. 공사를 수주한 당시, 그때만 해도 IMF 때인지라 외상

거래도 안 되는 실정이었지만 자신이 있었다. 무작정 계약서를 2부 복사하여 원자재상을 찾았다. 계약서를 내밀며 자초지종을 이야기했다. 배짱도 좋았던 모양이다. 평소 거래하던 판매점도 아니다. 생판 모르는 사람에게 누가 뭘 믿고 원자재를 공급해 주겠냐마는 나를 믿고 일을 준 업체나 나를 바라보고 있는 직원들 생각에 그 일을 성사시키지 않으면 안 되겠다는 생각이 들었다. 역도 선수를 연상케 하는 원자재상 사장님에게 명함과 함께 공사계약서를 내밀었다. 계약서를 내밀자마자 그 사장님은 아래위로 나를 훑어보신다. 주눅 들지 않고 자신 있게 이야기했다.

"저를 믿고 원자재를 공급해주면 공사 잘 끝내고, 수금하는 즉시 물품대를 갚겠습니다."

하지만 원자재 값이 무려 4천만 원이다. 그럼에도 불구하고 그 사장

님은 내 말이 끝나기 무섭게 "그래요. 필요한 만큼 가져가세요"라고 말씀을 하신다. 순간 커피를 마시고 있는 내 손은 떨려오고 나를 기다리고 있는 직원들 생각이 났다.

'이제 직원과 함께 공사를 시작할 수 있겠구나!'

인사를 하고 돌아오는 길에 세상 다 변해도 '하늘은 스스로 돕는 자를 돕는다' 는 옛말이 떠올랐다.

그 일이 있고 약 30일 동안 나의 자그마한 공장에선 하루도 쇳소리가 끊이질 않았고, 그 결과 공사를 잘 마치고 수금과 함께 원자재비용을 지불하게 되었다.

"정말 너무 고맙습니다. 앞으로도 더 열심히 하여 반드시 재기하도록 하겠습니다."

인사를 드리고 나오던 일이 새롭게 생각이 났다. 그 일이 있은 후 지금까지 10여 년이 넘도록 나는 그 사장님을 형님같이 모시고, 그 사장님께서는 나를 친동생보다도 더 따뜻하게 대해주신다.

어제는 인터뷰를 마친 후 문득 사장님 생각이 나서 내가 쓴 책 한 권과 내 기사가 나와 있는 〈월간 리더스〉 잡지를 들고 사장님을 찾았다. 낮 술을 한잔 하셨나보다. 불그스레한 얼굴로 나를 껴안는다. 행복하다.

이처럼 일에 대한 책임감, 재기와 성공을 향해 갈급하다 보면 불가능을 가능하게 한다는 교훈은 아직도 유효하게 내 마음속에 자리하고 있다. 그때 갈급한 나의 마음이 하늘에 닿아 맺어준 소중한 인연……. 그 따뜻한 인연이 내게는 평생 고마움으로 남아 나를 행복하게 한다.

오늘따라 봄 햇살이 더 따스하게 느껴진다.

이런 것은 좀 갚아라~. 이 ×탱아……

부도를 맞아 아직 상환하지 못한 금융 부채들…….

상환하지 않은 채무가 많지는 않았지만 일단은 잊어야 했다.

그때는 변제할 여유를 갖지 못했다.

찔끔찔끔 변제하기보다는 사업 안정이 우선 급선무라 여기고 채무에 대해서는 그대로 덮어두고 열심히 일만 할 때였다.

열심히 사업을 하다보면 회사도 안정되고, 빚도 갚고 모든 게 잘될 거라는 희망을 버리지 않았다. 그런 내 마음을 친구는 알까?

그때 당시 독촉장 최고장이 날아오는 것을 아내나 자식들이 볼까봐 주민등록을 동종업계에서 사업을 하는 친구 집에 옮겨놓았다.

그 친구는 내 마음을 헤아려 줄 거라고 믿었기 때문이다.

그러던 어느 날 법인카드 사용분 1,287,294원이 미납되어 있었는데, 집에 빨간 글씨로 큼지막하게 보이는 최고장이 날아든 모양이다.

그것 때문에 죄 없는 친구는 자기 부인으로부터 한 소리를 들은 모양이다.

나를 보자마자 휙 하니 우편물을 내던지며 한마디 한다.

"야! 이 ×탱아, 이런 것은 좀 갚아라."

책상 위로 떨어진 우편물, 지금까지 앞뒤 안 보며 오직 재기하려고 발버둥치는 나였지만, 순간 아무 말이 생각나지 않았다.

카드사를 원망할 수도, 친구를 원망할 수도 없었다.

더더욱 나를 어느 날 갑자기 신용불량자로 만든 회사를 원망할 수도 없었다.

누구를 원망하는 순간, 나 자신이 초라해질 것 같았다.

자리에서 일어나 아무 일 없었다는 듯 공장으로 내려가 일을 했다.

일하는 손끝이 떨렸다. 미어지는 가슴을 억누른 채 스스로를 달랬다.

그날따라 서해로 지는 석양빛이 너무 아름다웠지만 내 마음만은 잿빛하늘이었다.

'빨리 일어서자. 빨리 재기(再起)하자.'

지금 돌이켜보면, 그때 친구의 말 한마디는 내 가슴을 헤집었지만 그런 친구가 있었기에 한눈팔지 않았고, 또한 오늘처럼 재기하여 웃을 수 있는 일도 생기는 것 같다.

오늘따라 그 친구가 보고 싶지만 볼 수 없다는 게 안타까울 뿐이다.

내 손안의
신용카드

마음이 벅차다.

오늘의 자유는 10년 만에 맞는 내 마음의 자유(自由)다.

만 10년 만에 신용카드를 발급받았다.

언젠가 내 신용이 회복되면 누군가 부여잡고 울고 싶고, 그동안 부도로 인한 가슴에 담았던 많은 얘기들을 토해내고 싶었다. 그러나 지금 붙들고 울 사람도 없고, 누군가에게 내 지난 얘기를 토해낼 대상도 없다.

이유야 어쨌든 만 10년이 흘렀다. 10년 전 나는 한순간에 '신용불량자'의 멍에를 써야만 했다. 그게 '죽도록 일한 나의 결과'라는 사실에 처음에는 인정하고 싶지 않았다. 하지만 현실은 누구나 할 수 있는 금융거래조차 어렵게 만들어 놓았다. 주민등록만 내 이름으로 되어 있을 뿐, 내 이름은 금고 저 안쪽에 보관한 채 모든 외부활동은 타인의 명의를 써야 했다. 평소 그토록 자랑스러워했던 내 이름이건만 이제는 쓰지 못한다는 아픔, 그때부터 혹독한 나의 도전은 시작되었다.

사실 내가 사업을 하다가 연쇄부도를 맞아 어렵게 될 줄은 꿈에도 몰랐다. 직장 생활 10년을 할 때도 당당했으려니와 사업을 시작할 때도 누구보다 당당했기에 더더욱 충격이 컸다. 하지만 내성 또한 단단하게 다져졌던 터라 그나마 담담하게 현실을 받아들였다. 내가 어렵다는 사실을 알고 있는 사람은 많지 않았다. 와이프와 채권 당사자들 외에 내가 어렵다는 사실을 알고 있는 사람은 거의 없었고 심지어 당시 초 3, 초 1학년이었던 우리 아들 녀석들뿐만 아니라 주변 친구들, 거래처 직원, 나아가 부모형제들조차 나의 사정을 모르고 있었다.

동네방네 소문낸들 무엇하겠는가! 듣는 사람 마음만 아플 뿐 아무에게도 도움이 되지 않는다는 사실을 누구보다도 잘 알고 있는 나였기에 더더욱 나를 아는 다른 사람에게 고통을 분담하고 싶지 않았다.

언젠가 때가 되면 내가 더 비상(飛上)할 날이 오겠지. 열심히 일하며 이뤄놓았던 지나간 세월이 아쉽기는 하지만, 현실이 나를 어렵게 한 걸 누구에게 원망한단 말인가! 아무에게도 원망하지 않고 내 업(業)으로 받아들이고 싶었다. '하늘이 내가 미우면 이 땅위에서 살 자격을 거두었을 텐데 나를 놓아둔 채 내가 가진 것만 빼앗아 간 걸 보면 분명 나에겐 살 희망이 있는 법' 아닌가?

아무도 원망하지 않은 힘이 나를 일으켜 세워준 모티브가 된 것 같다.

연쇄부도 나던 날, 사실 어음 부도라는 게 어떤 것인지도 모른 채 일하기에만 바빴다. 부도 맞은 당일도 태연하게 수주(일감)받던 회사에 찾아가 그 직원들 점심을 사주며 위로하였다.

지금 생각해도 그때 그 행동이 어디서 온 배짱인지 나도 모르겠다. 다른 사람 같으면 '죽는다', '도망간다', '외국으로 잠적한다' 등 난리법석을 부리며 그나마 있는 것 다 챙겨서 다른 가족 명의로 숨겨놓기 바쁠 터인데……. 내 발등의 불은 생각하지 않고 그저 오늘날까지 도와주었던 분들의 아픔을 먼저 챙기는 순수한 영혼과 일에 대한 열정 그리고 신의를 중요시하는 사업가도, '일만 열심히 하면 땀방울의 대가를 반드시 주겠지' 하고 세상을 대하는 순진한 경영자였던 것 같다.

내가 아무리 안전 운행을 해도 상대방이 중앙선을 침범하여 들이받을 때는 어쩔 수 없이 교통사고를 당하는 것처럼 주변 환경변화에는 너무 무지했기에 내 잘못이라고 스스로를 달랬다. 부도를 내서 나를 고통스럽게 한 그 회사보다 '현실의 책임을 내 탓으로 돌리는 용기' 때문에 당시에는 부도 수습을 잘못하며 지금까지 고생이 더 했다. 하지만 그때 나를 먼저 챙기지 않고 남의 아픔을 함께한 그 마음 때문에, 또 하나는 어쩔 수 없는 IMF의 국가 부도로 인하여 연쇄부도를 당했어도 그 책임을 나에게 돌리는 책임경영 의지가 있었기에 오늘의 재기도 가능했다고 자부를 한다.

빈손으로 시작했기에 웃으며 다시 시작했을까?

아무리 빈손으로 사업을 시작했든, 주위의 도움으로 사업을 시작했든 땀방울로 알뜰하게 이루어 놓은 회사를 송두리째 빼앗긴다는 것은 너무 억울한 일이다. 하물며 나는 주위의 도움도 받을 입장이 아니었을 뿐더러 도움 받고자 하는 그런 마음은 추호도 없었다. 결혼할 당시에도 그랬거니와 사업을 시작할 때 역시 남의 도움은 준다 해도 정중히 거절했을 것이다.

그만큼 자립심 하나는 남보다 확실했던 것 같다. 맨손으로 시작한 결혼생활 지금도 여유롭게 행복하거니와 빈털터리로 다시 시작한 사업도 남부럽지 않은 탄탄한 회사로 만들어 놓았다.

만 10년……. 재기의 세월. 당시 행복하게 살던 아파트(5년을 어렵게 어렵게 안 쓰고 안 먹으면서 마련한 집)를 졸지에 빼앗기고, 죽을 둥 살 둥 모르고 애써 이루어 놓은 법인회사도, 나아가 4년을 애써 일해서 공단에 마련해 놓은 공장(내가 설계해서 내가 직접 지은 공장)마저 송두리째 빼앗겨버렸다. 사실 지금 생각해보면 잃어버린 많은 것들 중 아쉬운 건 하나다. 바로 법인회사다. 그때 살면서 회사만큼은 내 새끼나 다름없었다. 내 자식 같은 회사를 접어야 하는 심정은…….

애써 키운 자식을 보내는 부모의 심정과도 같은 것이다. 그런 자식(법인회사)을 폐업 신고할 때의 심정은 이루 표현할 수 없는 아픔이었다. 그 표현하지 못할 많은 아픔들……. 헤쳐 나온 힘은 '빈손' 이라는 사실이다. 빈손이었기에 행복할 수 있었고, 빈손의 시작이었기에 성공할 수 있었다고……. 빈손이었기에 재기할 땐 부자(?)로 출발할 수 있었노라고…….

아직도 그렇거니와 출근과 함께하는 출근카드는 나의 든든한 '빽' 이었다.

연쇄부도 맞은 날, 그날도 그러하거니와 그 다음날도 회사를 제시간에 출근하였다. 직원들의 수군거림도 거래처의 수군거림도 모른척하면서 말이다. 예전과 달라진 것은 부도로 인하여 할 일이 많아진 것뿐이다. 불안해하는 직원들 급여도, 퇴직금도 챙겨주어야 하고, 거래처 미지급 금액도 처리해 주어야 한다. 일은 천지개벽이 와도 해야 하는 것이며, 다른 일은 차근차근 풀어 가면 되리라는 확신을 먼저 가졌다. 직원들이 불이익을 당하지 않도록 내가 직접 방안을 강구하고 향후 회사가 경매에 들어가도 우선 변제받을 수 있도록 근로자 대표와 협의 하에 추진하였다.

주 거래처의 부도로 인하여 금전적 손실을 감수하는 것도 마음이 아프지만 더더욱 마음 아픈 건 거래처가 없어졌다는 사실이 당시에는 더 큰 충격이었다. 매출의 80%를 차지하던 주 거래처의 일감이 끊어진 후, 신규 회사에 찾아가 일감을 달라고 하는 것은 너무도 어려웠다. 부도 맞아서 가진 것 다 털어주어도 부족한 회사에 어느 누가 일감을 준단 말인가.

그러나 포기하지 않았다. 하루하루 표정 흐트러트리지 않고 아는 회사의 문을 노크했다. 믿을 건 ‘나’ 뿐이다. 나를 보고 일감을 주는 회사만 찾아서 영업할 수밖에 없었다.

하루하루 출근카드를 찍었다. 일부는 비아냥거리기도 하였다. 다 망해버린 회사 ‘출근은 왜 하며, 카드는 왜 찍느냐’ 이거다.

회사가 잘 나가도 내 회사지만, 망해도 내 회사다. 회사가 잘 나가도 사장은 나요, 망해도 이 회사의 사장은 나다. 비웃는 사람들을 미소로 받아 주었다. 다 내 책임인 걸······.

회사를 생각하는 그 애착심이, 출근카드를 찍는 그 성실한 손이 나에게는 가장 큰 무기다. 다 망해도 내 손안의 무기는 내 손에 쥐어있다. 칼을 든 장수가 무엇을 두려워한단 말인가? 그 배짱이 오늘의 재기를 도운 무기가 된 듯싶다.

10년 전 그 '신불자' 여기 있소.

2007년 12월 24일, 그날은 크리스마스이브가 아니다. 바로 내가 만 10년 만에 어려움에서 벗어난 날이다. 좀 더 일찍 벗어날 수도 있었지만 고엽(苦葉)을 씹는 마음으로 더 단단해지고 싶었다.

지금 일어날 수도 있지만 애써 '십년불명불비(十年不鳴不飛)'하고 싶었기에 참고 또 참았다.

2008년 1월 24일 만 10년 만에 W은행의 BC 신용카드를 손에 쥐게 되었다. 요즈음엔 누구나 5~10개는 소지하고 다니는 그 흔한 카드를 손에 넣기까지 10년. 아직은 Platinum이다. 하지만 그 무엇보다도 소중한 내 이름이 박힌 카드, 소중하게 사용하고 싶다. 더 이상 내 손에서 떠나가지 않게 말이다.

나는 굴뚝 남자

시골에 살 때, 밥 먹을 때가 되면 늘 굴뚝에 연기가 피어오르기 시작했다. 모락모락 피어오르는 연기. 우리 집 굴뚝은 작았다. 피어오르는 연기조차 가늘었다. 그만큼 밥 지을 식량도 적었던 모양이다.

군대 제대하고 사회에 첫발을 내딛을 때부터 난 굴뚝쟁이로 시작했다. 처음 사회에 나와서 무엇을 배우고 어떻게 살아야 하나 생각되었다. 그땐 그저 꿈도, 희망도 없었던 시절로 회자되곤 한다. 먹고살기 위해서 그나마 할 수 있었던 일이 '기계제작 업체에 들어가 기술을 배워야 한다'고 마음먹었던 것 같다.

그때의 기억에서 20여 년이 흐른 것 같다. 그 굴뚝쟁이가 지금은 행복의 미소를 띠며 당당히 서있다. 일하며 배우고 그리고 사랑하며 즐겁게 말이다.

지금도 사회에 나와 첫발을 내딛은 수많은 젊은이들이 있다. 그들을 볼 때 그나마 '우리 때는 행복했던 것 같다' 는 생각이 든다. 오직 일해야 먹고 살았기에 너나할 것 없이 일에만 매달렸는데, 지금의 현실은 그렇지 않은 것 같다.

시대의 변화는 삶을 편하게 해준 만큼 우리들에게 더 큰 함정을 만들어 놓은 듯싶다. 삶의 달콤한 유혹 말이다.

어젠 워렌 버핏이 왔다고 난리들이다. 하필 대구텍이라는 제조업체를 방문해서 직원들과의 만남을 가졌다고 한다. 한편으론 씁쓸했다. 아무리 투자의 귀재라 하지만 광분할 일은 아닌 것 같은 생각이 들었다.

'한국 기업은 아직도 저평가 되었다' 는 그의 말 한마디에 주가는,

- 코스피 5IP 급등, '버핏의 선물' 2,000 재돌파 -

신문 1면의 기사를 보고 또 한 번 씁쓸한 뒷맛을 느껴야 했다. 주식을 안 가지고 있어서 배 아파서가 아니다. 돈을 번다는 것, 성공한다는 것은 장기적으로 자신에게 투자한 사람의 몫이다. 제조를 해서, 아이디어를 짜서 돈을 벌어야 제대로 된 투자일진데, 요즘엔 돈을 너무 쉽게 벌려고 너나할 것 없이 모두들 아우성이다.

'주식이다, 부동산이다, 펀드다' 하여 이 나라가 온통 들떠있으니 나 같은 굴뚝쟁이는 어디 가서 말 한마디 해본단 말인가? 내 성공담(?) 말 꺼내기도 두려운 세상이 되고 말았다.

경제신문을 보라! 경제 감각도 읽히고, 경제 흐름도 알고, 또한 경제도 배우고……. 하지만 신문을 보라. 1면, 2면, 4면, 5면, 6면, 7면,

10면, 21면, 25면, 31면, 대문짝만한 주식관련 광고물 속에서 살아야 하는 젊은이들의 현실이 안타깝다. 내용을 보면 '최고 갑부', '수익률 400%', '5배 황제주', '3,000P 펀드 100조', '2년 만에 100억 벌기.' 참 맘도 좋은 사람들이다. 혼자 조용히 벌지 신문에 대문짝만하게 까발리니 말이다. 옛말에 '산삼과 송이가 나는 자리는 자식한테도 안 알려 준다 했는데……'

극소수의 사람이 횡재를 한다 해서 나도 따라가야 하는 것일까? 그것처럼 또 우매한 일은 없을 것이다.

시대가 들떠있다. 구로공단에서 재봉질로, 마산 수출자유지역에서 신발을 만들어 학비 대던 시절, 그땐 몸은 힘들었지만 배운다는 희망, 가족의 행복은 살아 숨 쉬었던 것 같다.

주식 투자해서 돈 번 사람, 그 돈으로 자식 교육시키고 가정이 행복한지 묻고 싶다. 쉽게 벌려하지 말자. 힘들게 돈을 버는 과정에서 인생의 행복, 가족의 사랑도 따라오는 법이다. 이 과정이 무너지면 오늘날 같은 기현상이 나는 법이다. 굴뚝에서 금맥을 캐는 광부가 되어라. 그 금맥은 자신감이요, 행복이요, 사랑이란 사실을 알아야 한다.

20여 년 기술을 배워 살아왔지만 대박 없어도 행복하다. 주식이 떨어져도, 유가가 오르더라도 행복하다. 어느 상황에서든 굴뚝을 통해서 살아남는 법을 그리고 행복해지는 법을 배웠기에 가능한 것이라 확신한다. 열심히 택시운전을 해서 20만 원, 열심히 미장원을 해서 30만 원을 저축하고 그분들의 때 묻은 저축통장에 행복과 사랑이 배어나는 그런 세상이 왔으면 싶다.

젊은이여! 쉽게 성공을 사려들지 마라. 어렵게 성공한 가슴엔 사랑과 행복, 인정과 배려, 믿음과 소망 그리고 자신감이 살아 숨 쉰다면 쉽게 대박을 쫓는 사람의 가슴엔 타락과 불안, 이기심과 두려움 그리고 공허함만이 살아 숨 쉴 테니까 말이다.

산타크로스 할아버지는 굴뚝을 타고 내려오지 주식 전광판을 타고 내려오지 않는다는 것을 알아야 할 것이다.

'빽' 있는 놈이
성공한다

'빽'은 잘나가는 선배나 친구들을 의미한다. 빽이란 백그라운드(Back Ground, 이 책에서는 빽으로 쓴다), 즉 '배경'을 가리키는 말로, 뒤에서 돌보아 주는 배경을 의미한다.

우리 사회는 빽 있는 사람들이 지배하게 되어 있다. 소위 빽 있는 사람은 인생을 수월하게 살 수 있지만, 빽 없는 사람은 힘든 싸움을 해야 된다. 짜증나는 건 그렇게 힘든 싸움을 해서 이겨도 결과에 대해서 크게 만족할 수 없다는 사실이다.

자고로 빽(배경)이 있어야 한다. 빽 있는 놈만 성공한다고 슬퍼하지 마라. 빽도 하나의 경쟁력이라면 경쟁력인 걸 어쩌랴?

아니 어찌 보면 대단한 경쟁력이다. 성실하게 열심히 노력해서 살려는 사람보다 빽 있는 사람들의 성장과 세상을 누리는 속도가 엄청 빠르다. 참 기가 막힌 세상이다.

사람들은 누구나 빽(배경)을 가지고 살아간다. 어떤 사람은 부모 잘 만나고, 선배 잘 만나고, 친구 잘 만나 호강한다. 안 되는 일도 되게 하는 게 빽이고 보면 빽의 위력은 대단한 것이다.

그렇다면 빽 없는 그 사람들은 죽으란 말인가?

나는 엄청난 빽을 가진 사람이다. 그래서 성공했다. 모두들 부러워할 것이다.

나는 고 1때 아버님이 작고하셨다. 유산으로 남긴 거라 곤 빈털터리 집과 충격으로 쓰러지신 어머님이 유산의 전부였다.

고 1때부터 혼자 살아가야 하는 나는 믿을 빽이라곤 나밖에 없었다. 아마도 그때부터 나 스스로 살아가는 빽을 준비한 듯싶다. 닥치는 대로 아르바이트를 하였고, 닥치는 인연마다 소중하게 생각하였다.

그 후 대학을 다니면서도 온갖 아르바이트를 경험해야 했고, 그 힘

든 아르바이트 속에서도 늘 웃으며 밝게 생활하였다. 아무리 힘들어도 얼굴엔 구김 없이 살려고 무진 애를 썼다.

어느덧 나의 몸엔 나만의 빽(성실함)이 차곡차곡 쌓여만 갔다.

군대 갔다가 사회에 나와서도 일을 쫓는 그 성실함은 날이 갈수록 빛을 발했다. 아무도 갖지 않은 엄청난 자신감이 내 몸에 찰싹 붙었다. 알고 보니 빽이었다.

아무리 좋은 빽을 가진 사람도 부럽지 않았다. 내 빽은 내 등 뒤에서 나를 지원하는 에너지가 되었고, 언제나 어려움을 뚫고 나가는 동력이 되었다. 그 엄청난 힘이 곧 나의 빽이요, 나의 배경이었다.

어찌 보면 지금도 애써 일하는 것은 나 스스로 빽 쌓는 일이라 생각 한다. 빽 없는 놈은 스스로 빽을 만들어 그 빽으로 살아갈 수밖에 없는 일 아닌가!

지금은 엄청 큰 빽을 가진 사람으로 우뚝 서있다. 성공한 사람으로 우뚝 설 수 있게 한 그 빽은 바로 내가 하는 일이요, 일터다.

내가 하는 사업……. 일이 있고 직원과 함께할 수 있는 일터가 있는 한 나는 빽 가진 당당한 사람으로 자신감 있게 살아갈 것이다.

세상은 금융 여파로 힘들다지만 나는 미소 지을 수 있음도 다 빽 때문이 아니겠는가!

오늘따라 햇살이 더 화사하게 느껴진다.

시련은
인생의 보약이다

내 인생에 IMF라는 혹독한 시련이 존재하지 않았던들 지금처럼 당당하게, 행복하게 살 수 있을까? 혹독한 시련이라는 것. 그리고 행복에 걸려 비틀거린다는 것.

어쩜 그것은 벽시계와 같다는 생각을 한다. 벽시계는 하루 12시간씩 두 바퀴를 돈다. 우리 인생도 벽시계처럼 흘러가는 과정일 뿐이다. 흘러가는 과정 중에 인생의 희로애락은 초침처럼 째깍거릴 뿐이다. 희로애락은 인간이 꼭 거쳐야 하는 인생의 과정이란 이야기다.

시련은 인생의 보약이다. 보약을 먹고 열심히 운동하여 튼튼한 몸을 만들 듯 시련을 딛고 열심히 일을 하여 뜻을 이루는 것이 성공이다.

시련의 결과는 2가지가 있다. 하나는 열심히 배우지 않고, 열심히 일하지 않고 허황된 것을 꿈꾸며 일확천금 '한방' 을 노리는 사람들이다. 그 사람들에게 시련은 파멸로 이르게 하는 독약이 된다. 또 하나는

열심히 배우며, 미래의 내 인생을 위해 애써 일하는 행복을 일구는 사람들이다. 그 사람들에게 시련은 보약과 같은 것이다. 똑같은 시련일진대 한 사람은 망하고, 한 사람은 성공의 춤을 춘다. 그것이 시련의 두 얼굴이다.

한 번도 아플
여유가 없었다

프랑스 소설의 거장 귀스타브 플로베르는 이런 말을 했다.

"몸이 아파서 하루에 몇 백 번이나 심한 고통을 느껴야 했다. 그러나 진짜 노동자처럼 이와 같이 괴로운 작업을 계속해 나갔다. 그렇다. 나는 소매를 걷어붙이고 이마에 땀을 흘리며 비 오는 날이거나, 바람 부는 날이거나, 눈이 내리거나, 번개가 치는 속에서도 망치를 내리치는 대장장이처럼 글을 썼다."

문득 이 글을 보면서 그런 생각을 했다. 나는 아플 여유가 없었다. 아니 한가하게 아파할 겨를이 없었다.

마치 고장이 없는 자동차처럼 회사에 매달려 일을 하고 지냈다. 괴로울 때나 슬플 때도 나는 일터에 있었고, 힘이 부쳐 피곤이 엄습하여도 한 번도 일터를 떠나지 않았다. 더욱이 지금까지 아파서 일하지 못할 때가 없었으니 그 점은 무엇보다도 부모님께 공을 돌려야 하겠다.

나는 귀스타브 플로베르처럼 천재도 아니다. 기업의 3요소, 즉 인재(사람)와 자금(돈) 그리고 기술이다. 그 점에서 보면 나는 천재도 아니고, 기업의 3대 요소라고 하는 항목에서 어느 것 하나 내세울 게 없다. 치열한 경영 환경에서 싸울 무기가 없다는 것은 슬픈 일이다. 그러나 다행히 나에게는 노력과 열정이 있었다.

현실을 노력과 열정으로 하나하나 뛰어넘는 방법밖에 없었다. 그래서 나는 남보다 더 열심히 일터를 지켰고, 남보다 더 많은 시간을 일을 위해 투자해야 했다.

이제 와서 생각해보면 내가 천재가 아니었던 것도 창업 당시 돈이 없었던 것도 다 내 복(福)이 되어 돌아왔다. 행복하다. 지금 참으로 너무 행복하다.

세상에 나의
존재를 알리자

'할 수 있는 사람 손들어……!'

손을 들까 말까 망설이다 보면 어느 틈에 누군가 발표를 하곤 했다. 중·고등학교 시절은 나에게 있어 참으로 숫기가 없었던 것 같다. 나의 생각이나 나의 지식을 발표하는 용기가 부족했었다. 숫기 없는 소심한 나를 변화시킨 계기는 군대였다. 예전에 생각하지도 못했던 소심이가 다행이 군대에 가서 그 나쁜 버릇이 싹 고쳐졌으니 말이다.

군대는 나에게 많은 변화를 가져다주었다. 무엇보다도 인생에 자신감을 심어준 부분에 대해서는 지금도 군대가 너무 고맙게 느껴진다. 웅변을 통하여 자신감을 심어주었고, 〈전우신문〉 덕에 글 쓰는 재미를 알게 하였다. 또한 책과 친해지면서 가치관과 인생관을 정립하는 계기가 되었으며, 틈나는 대로 한 운동은 지금도 건강하게 일할 수 있는 몸과 마음을 만들어 준 듯하다. 논산훈련소 입대할 때와 육군 병장 달고 당당히(?) 제대할 때 변화된 모습은 지금 생각해도 뿌듯하기만 하다.

군대에서 배운 자신감과 용기는 지금도 유효하게 남아 있는 듯하다. 매사에 자신감과 열정이 살아 숨 쉬니 너무 좋다. 이처럼 자신의 당당한 모습을 세상에 자신 있게 알린다는 것 자체가 의미 있고 중요한 일인 듯싶다. 무엇이 두려운가! 나의 존재, 나의 모습 그리고 다가올 미래의 나의 모습을 세상에 당당히 알리는 것, 이것은 자랑이 아니라 인생의 자신감이요, 나아가 자신이 열심히 하겠다는 스스로의 다짐이다. 내가 열심히 사는 이유도, 열심히 배우는 이유도 다 그 때문이다.

'고목도 예쁜 모습으로 세상에 자신을 알릴 때 가치를 발한다' 는 생각이 새삼 떠오르는 하루다.

"이 세상엔
나 혼자만이 아니다"

나는 아내
둘 가진 남자

세월이 많이 흘렀다. 언제보아도 예쁘고 사랑스런 내 아내.
오늘도 그 아내의 배웅 속에 출근을 한다.

사실 나는 아내가 둘 있다.

아내를 둘 가진 남자로서 세상을 살고 있다. 남들은 도둑놈이라 욕할지 모르지만 나는 하나가 아닌 둘을 가졌기에 더 열심히 살아왔고, 그 덕분에 오늘의 행복을 누리는 것 같다.

아내 둘을 부양하는 책임은 무거웠지만 지나온 세월이 자랑스럽다.

지금도 그 사랑스런 두 아내와 함께하는 시간이 있어 하루하루가 너무나 감사하고 그저 행복할 뿐이다.

아내 둘과 함께 살아온 결코 짧지 않은 나의 20년…….

세월은 변했어도, 잔주름은 늘었어도 지금의 아내 중 그 어느 누구도 버릴 수가 없다.

평생 아내 둘을 데리고 서로 부둥켜안고 열정으로 사랑하며 살고자 한다.

나의 첫 번째 아내는 '김창현'이다.

이름이 남자 이름인지라 드러내놓기를 싫어하지만, 오늘은 그 이름을 불러보고 싶다. 오직 나만을 위해, 두 아들 녀석을 위해 헌신해온 당신이기에 그 이름이 너무나 자랑스럽고 감사한 생각뿐이다.

미안하지만 나의 두 번째 아내는 '나의 꿈'이다.

젊은 시절 갖지 못한 꿈이란 놈을 아내를 통해서 소개를 받았다.

결혼생활 시작할 때 혼수로 가져왔는지, 옵션으로 가져왔는지 알 수 없지만…….

그러나 알 수 없는 그 꿈이란 녀석은 지금까지 내 안(가슴)에서 나와 함께 살고 있다. 내 안(가슴)에 착 붙어서 떨어지지 않는다.

늘 나와 함께 숨을 쉬며 자라고 있다.

두 아내(?)가 있는 나는 늘 행복에 겨워있다.

집에 가면 언제나 방긋 웃는 아내가 있고, 밖에서 늘 나와 함께하는 '꿈'이 내 안에 있다.

안팎으로 즐길 수 있으니 얼마나 행복하고 복 받은 사람인가!

언제나 내 곁에서 나를 바라봐줄 두 아내(Wife, Dream)가 있다는 행복 그리고 두 아내를 평생 사랑해 주어야겠다는 일념이 나를 부지런하게 만든다.

나와 결혼해 지금까지 불평 한마디 없이 자기 자리를 묵묵히 지켜준 아내. 나를 오직 한길로 정진하게끔 이끌어준 소중한 내 안의 꿈.

그 두 아내가 있는 한 나는 오늘도 살며, 사랑하며, 배우는 그 길을 즐기듯 살아갈 것이다.

다시 한 번 두 아내에게 '고맙다'는, '사랑한다'는 말을 전하고 싶다.

아내 생각

잠시 아내 생각이 떠올라 창밖을 보니 가을비가 추적추적 내린다. 가끔씩 들려오는 번개소리가 너무 크게 들린다.

을씨년스러운 계절, 가을은 이래서 외로움이 더하는 모양이다.

오늘은 첫눈이 내린단다. 엊그제처럼 오자마자 녹아버리는 첫눈이 아닌 펑펑 내리는 첫눈이 왔으면 싶다. 오늘은 약간의 여유 속에 하루를 보내고 싶다.

계절 탓인가? 요즘엔 하는 것 없이 피곤하다. 가급적 신경 쓰이는 일을 피하고 싶어진다. 그러면서도 혹시나 삶에 대한 나의 열정이 식지나 않았는지 되묻곤 한다.

아무튼 가을은 외로움과 함께 많은 생각을 던져주는 듯하다.

아침에 무슨 일인지 밖이 소란스럽다.

달려온 아내는,

“자기, 나 어떻게 해……. 나 꼬리뼈 다쳤나봐.”

우리 집 제일 ‘늦잠쟁이’ 인 나는 그 소리에 깰 수밖에 없었다.

화들짝 놀라 무슨 일이냐고 물었다.

아내 왈,

“세면장에서 뒤로 넘어져 엉덩방아를 찧으면서 다쳤다”고 힘겨운 듯 말했다.

“아니 좀 조심하지” 하면서 아내의 표정을 살폈다.

아프긴 심하게 아픈 모양이다. 요즘 들어 하나둘 아내가 아프다는 이야기를 들었던 터라 내심 걱정되었지만, 회사 출근을 늦출 수 없어 누워있는 아내의 눈치를 살피며 집을 빠져나왔다.

아침부터 소란을 피웠던 터라 손에 일이 잘 잡히지 않았다.

갑자기 직장생활 10년, 사업 10년, 이십여 년 넘게 생활하면서 ‘아이들 일로, 와이프 일로 회사 일 지장을 받지 않은 내가 얼마나 행복한 사람이었나' 하는 생각이 들었다. 너무도 고마웠던 아내의 내조가 오늘따라 너무 고맙게 느껴진다.

쉽지 않은 세월동안 나를 위해 투정 한 번 부리지 않고 내조한 아내 생각이 내리는 비처럼 내 마음을 타고 흘러내렸다. 가까이라도 있으면 살며시 껴안아 주련만 그도 어렵다.

업무 중에도 머릿속의 생각은 줄곧 집으로만 향했다. 전화기를 들었다.

"병원에 빨리 가보지 그래?"

"알았어. 조금 있어보고……. 내가 알아서 할게. 신경 쓰지 마."

흐릿하게 들려오는 아내의 음성…….

잠시 침묵은 흐르고 점심시간인데도 밥이 먹기 싫어진다. '그동안 내가 행복하고 가정이 행복했던 것은 다 당신 때문이구나' 하는 생각이 든다. 나이 들면서 더욱 아내에 대한 고마움과 늘 잘 못해줘 미안한 마음 오늘따라 더욱더 나를 힘들게 하는 것 같았다.

오늘 하루도 좋지 않은 일진(日辰) 속에서 인생을 배운 하루, 아내의 고마움을 다시 한 번 느끼고 사랑하게 해준 하루가 된 것 같다.

'아프지 마. 다치지 말구……. 그동안 고생 많았잖아……'

'살만하면 아프다' 는 옛말처럼 아내에게 그런 아픔은 평생 없었으면 하고 하늘을 본다. 내리던 빗줄기도 멎었다.

나의 사랑하는 아내에게 늘 좋은 일만 있었으면 좋겠다. 아니 이제부터 내가 좋은 일을 꼭 만들어 주어야겠다. 그것만이 지금까지 묵묵히 내조해온 아내에 대한 보답일 테니까. 그것을 받을 충분한 자격이 있는 아내에게 '사랑한다'는 말을 전하고 싶다.

여보, 사랑해!

아내의 하모니카 소리를 들으며……

어제는 산업단지에 소속된 경영자를 위한 포럼 골프 월례회가 있는 날이다.

사업상 다들 바쁜 관계로 새벽부터 골프를 시작한다.

매월 하루 골프 월례회 있는 날이면 으레 새벽잠도 설쳐야 한다.

그렇게 시작한 어제 하루, 운동 마친 후 회사에 들어왔다. 이것저것 또 정신이 없다. 우연인지 몰라도 회사 비우면 일(Order)이 더 많아지나 보다.

정신없이 보내다보니 벌써 퇴근시간이 다가온다. 유난히 바빴던 하루였던 것 같다.

저녁 7시 업무를 끝마칠 시간이 다가오자 소주 한잔 생각이 간절했다. 혹시 모르고 아내가 저녁식사를 준비할까봐 집에 전화를 걸었다.

잠깐 통화하고 전화를 끊으려하니 난데없이 "잠깐만!" 하고 외친다.

무슨 영문인지 몰라 잠시 기다렸다. 조금 있으니 하모니카 소리가 들린다.

"도, 레, 미, 파, 솔, 라, 도, 시~."

"도, 레, 미, 파, 솔, 라, 도~~."

"아, 아……. 미안. 다시 할게."

"도, 레, 미, 파, 솔, 라, 시, 도~."

"하하하. 이야, 잘하는데……."

그러자 아내는 멋쩍은 듯 "이따 들어오면 다시 불어줄게요. 술 너무 많이 마시지 말고 빨리 들어와요" 하며 전화를 끊는다.

후배들과 한 잔 또 한 잔 먹다보니 세상얘기로 길어진다.

불현듯 하모니카 생각이 났다. 좀처럼 술자리에서 먼저 일어나지 않는데…….

"나, 오늘은 좀 먼저 갈게……."

피곤하다는 핑계로 먼저 일어났다.

집에 들어가니 현관 탁자위에 하모니카가 놓여있다. 흠칫 바라보다 "웬 하모니카!" 하고 물었다.

수줍어하면서 품에 안겨 "자기야, 나 하모니카 열심히 배워 몽마르트 언덕에 앉아 하모니카 한번 불어볼래!" 하고 아무 표정 없이 예쁘다는 듯 말한다.

"하하하. 그래 열심히 해보서……. 몽마르트가 아니라 몽마르트 할아버지라도 보내줄게."

“약속했다? 내가 꼭 해야지…….”

아내는 이내 몽마르트를 향하는 파리의 소녀처럼 가벼운 흥분을 하는 것 같았다.

나 역시 아내의 즐거워하는 모습에 피곤했던 하루의 일상이 깨끗이 날아가 버리는 듯했다.

씻으면서 거울을 보았다. 슬쩍 아내를 바라봤다.

'이제껏 집안 내조만 하던 아내가 이제야 아이들 다 키워놓고 자기 삶을 찾아가는구나!'

'그동안 꿈이 있어도 가족들을 위해 접어야 했던 아내가 이제야 비로소 외도(?)를 하는구나!'

비록 작은 하모니카지만 꿈을 키워가는 아내의 모습을 보는 그 순간, 내 마음에는 바하의 선율처럼 아름다움이 피어났다.

아내가 꿈꾸는 그 꿈이 이루도록 도와주고 싶다. 격려해주고 싶다.

아내가 가정을 위해 희생한 그 시간만큼 되돌려주는 게 사랑이요, 그것을 존중해 주는 게 배려다.

* * *

여러 가지 상념(想念)이 뇌리를 스친다.

아무리 생각해도 아내는 항상 고마운 존재요, 소중한 사람이다. 그 사람 곁에 내가 있음이 행복하다. 내가 세상을 두렵지 않게 그리고 누구보다도 더 당당하게 힘을 불어 넣어준 것도 아내요, 어려움이 있을 때 곁에서 말없이 용기를 불어넣어 준 사람도 바로 나의 아내이기 때문이다.

이제 조용히 그 보답을 위한 행진곡을 아내의 하모니카 소리에 맞춰 노래불러주고 싶다.

그동안 고마웠던 마음의 소리를 담아서 말이다.

그동안 행복했던 세월의 소리를 담아서 말이다.

와이프와 함께하는
행복한 산행

10여 년 전부터 산이 좋아, 사람이 좋아 산에 가는 것을 좋아했었다.

파랑새산악회에 가입하여 전국 방방곡곡 유명 산을 등반하던 재미에 쏙 빠졌던 나였다.

그러던 중 월드컵이 있었던 2002년 7월, 골프채를 들고부터 그 좋던 산을 멀리하게 되었다.

하지만 매주 골프를 하면서도 산자락을 볼 때마다 달려가고 싶었던 산(山). 산에 대한 그리움이 있었던지라 올해부터는 등산으로 건강도 지키고, 마음 수련도 하는 게 좋을 것 같아 1월부터 다시 산에 오르기 시작했다.

한 달 동안 매주 1~2회는 인천 근교의 가까운 산을 오른 것 같다. 혼자서는 실행에 옮기기 힘들었을 텐데 마침 '인산회'(인하대 MBA산악회)가 발족되는 관계로 수월하게 산과 다시 친해진 것 같아 인산회

에 대해서 늘 고마운 마음을 갖는다.

등산이 좋은 이유는 또 있는 듯싶다. 바로 와이프와 친해지기 쉽다는 것이다. 사실 평소에도 금슬이 둘째가라면 서러울 테지만 유독 와이프가 나에 대하여 불만인 것은 오직 하나였다. 부부로서 대화 시간이 너무 짧다는 것이었다. 맞는 이야기다. 허구한 날 비즈니스 때문에 늦고 그렇지 않은 날은 지인들 만나느라 늦고……

사람 만나는 것을 좋아하는 성격인지라 늘 늦게 귀가하는 나쁜 습관이 몸에 배어 있었다. 그러던 나와 와이프를 끈끈하게 맺어준 게 산이었다. 말없는 산이 우리를 화해시켜주었다.

대화를 많이 나눌 수 있는 시간과 공간을 제공해 주었다.

오늘도 일요일인지라 우리 부부는 어김없이 산에 올랐다. 우리 부부가 올 들어 벌써 5번째 산행이다. 처음 산에 오를 땐 내가 지쳐서 헉헉

대느라 같이 걷는 것도 힘들고 어색했지만, 이젠 산에 오르며 슬슬 장난치는 여유도 생겼다.

더욱이 2주일에 한 번(인산회 – 매월 첫째, 셋째 주에 등반)은 기쁨 두 배다.

토요일은 인산회와 산행하고, 다음날 일요일은 와이프와 산행을 하기 때문이다. 올 들어 새로운 행복을 얻은 것 같다.

어제는 인산회의 3회 등반이라서 문학산을 다녀왔다.

인하 MBA 선후배들이 함께 모여 산에 오르고, 내려오는 길엔 맛있는 백숙과 함께 곁들여지는 낮술 한잔. 오가는 웃음소리에 한 주의 스트레스가 말끔히 날아가 버린다.

오늘은 어제의 청량산 체력단련 덕분에 우리 부부는 더 많은 대화를 할 수 있었다.

아직 잔설은 남아있어도 산에 오르는 재미는 우리 부부처럼 언제나 새롭고 정겹다. 특히나 팔각정에서 무언가 만지작거리더니 불쑥 꺼내어주는 즙 한 봉지. 두리번거리며 즙 한 봉지를 건네주는 성의에 못 이겨 받아먹는다.

빨아들이다 즙 봉지에 써진 글씨를 보고 화들짝 놀랐다. 놀래서 웃다가 쏟을 뻔했다. 와이프가 전해준 즙 봉지는 다름 아닌 '복분자 즙' 아닌가! 나는 순간적으로 옆에 앉아있는 아줌마들을 힐끗 쳐다보다가 와이프에게 한마디 쏘아붙였다.

"아니, 꼭 내가 힘 못써서 등산시키고 복분자 즙 먹이나 하고 아줌마들 쳐다보겠다. 아, 쪽팔려……." ㅋㅋㅋ

그 말 한마디에 와이프는 배꼽을 잡는다. 웃음소리가 끊이질 않는다.

산을 내려오면서도, 내려와 비빔밥을 먹을 때도, 붕어빵 사들고 와 소파에 앉아 있을 때도 내가 뱉은 '아, 쪽팔려~' 그 한마디를 생각하며 저녁 내내 웃고 또 웃었다. ㅎㅎㅎ

이 행복한 웃음. ^^ 이 건강한 웃음. ^^

내가 산에 오르고 또한 우리 부부가 살아가는 동안 끊이지 않았으면 하는 소박한 바람을 가져본다. 아직도 와이프 웃음소리가 들리는 듯하다. 그 소리에 내 마음도 웃는다.

도둑고양이처럼
출근하던 날

아침에 모닝콜이 울리는데도 아내는 인기척이 없다.

어젯밤 술을 마시고 늦게 들어갔더니만 새벽에 남편 코고는 소리 때문에 아이들 방으로 피신한 모양이다. 다른 날 같으면 일찍 일어나 밥과 보약을 챙겨주고 단정하게 옷가지를 챙겨줄 시간인데 오늘은 왠지 인기척이 없다. 어제 저녁에도 그랬던 것처럼 몸이 좋지 않은 모양이다.

열심히 남편과 아이들 뒷바라지를 하며 보낸 20년의 세월, 말 그대로 갱년기 증상이 아내를 힘들게 하는 모양이다.

아침도 거른 채 현관문을 빠끔히 열고 도둑고양이처럼 집을 나섰다. 좀처럼 보기 드문 일이었다. 여느 때 같으면 엘리베이터 앞까지 나와 웃음으로 배웅하던 아내가 '몸이 얼마나 안 좋으면 그랬을까' 하는 걱정이 앞섰다.

출근을 했지만 자다 일어난 고양이처럼 아침 업무를 보았다.

와이프 얼굴이 서류에 아롱거리는 듯한 환상, 마음이 아팠다. 혹시나 지금은 일어났는지? 몸은 괜찮은지? 궁금해서 전화기를 들었다.

"미안해. 오늘은 빨리 들어갈게……. 에구, 몸도 안 좋은데……. 내가 늦게 들어가는 바람에 잠도 푹 못자고……."

미안한 마음을 전했다. 그러자마자 한마디가 날아온다.

"아이고 내가 미쳤나봐. 출근하는 것도 못보고……. 내가 미안하지……."

서로 미안해하는 마음……. 한동안 우리는 아무 할 말이 없었다.

또 한 번 도둑고양이처럼 출근하던 날 덕분에 새록새록 피어나는 부부의 정을 느낄 수 있어 행복하다. 장맛비가 스쳐간 하늘이라 그런지 오늘따라 태양 볕은 더 뜨겁다.

오늘은 빨리 들어가야지…….

외롭게
서있는 여자

어느 한 행복한 가정이 있고 그 가정의 한 모퉁이에는 집안 식구 모르게 외롭게 서있는 한 사람이 있다. 바로 그 사람이 우리들의 아내다. 흔하게 부르는 우리네 아줌마들이다.

대한민국 남성들, 아니 남편들에게 고한다. 제발! 우리네 집안 한 모퉁이에 외롭게 서있는 사람, 그 사람을 따뜻하게 사랑스럽게 대하자고……. 아내들은 말 못해서가 아니다. 할 일이 없어서도 아니다. 그들이 외로워할 수밖에 없는 이유는 남편 그리고 아이들이 있기 때문에 참고 또 참으며 고통의 세월을 살고 있는 것이다.

그들은 바보가 아니다. 단지 집안에서 바보인 척하는 것이다.

남편을 내조하고, 아이들을 보살피고, 그들은 아무 조건 없는 사랑을 베풀었건만 남는 것은 오직 집안 한 켠에서 외롭게 서있을 뿐이다.

주위에 보면 외로움에 지친 분들을 많이 볼 수 있다. 나 역시 반성하

고 또 반성한다.

남편은 남편대로 자기 잘났다고 한다. 아이들은 컸다고 엄마 알기를 우습게 안다.

이제 살만하다 싶으면 아내는 외롭다.

하늘 떠받치듯 모셔도 시원치 않다.

공주 모시듯 모셔도 성에 차지 않는다.

그러나 정작 아내들은 하늘 떠받치듯, 공주 모시듯 대우받기를 원하지 않는다. 단지 자신의 존재만을 인정해주고 말 한마디 따뜻하게 대해주길 원한다.

그러나 그것마저 공허한 메아리로 날아가 버리고 외로움에 떨고 있다.

이제 남편들이 다가설 차례다.

지금껏 아내가 가족을 위해 달려온 그 길을 남편이 걸어야 한다.

한 가정이 행복하려면 가족구성원 모두가 외롭지 않아야 한다.

가족 행복, 그 사각지대에 꼭 아내가 따라온다는 사실을 알아야 하겠다.

사각지대는 백미러로도 보이지 않는다. 백미러가 보이지 않을 때는 룸미러나 보조미러로 주위를 살피듯 아내를 향한 세심한 배려와 격려가 필요한 때이다.

언제나 그랬듯 나의 이룸도, 자녀의 성공도 모두 다 아내덕인걸…….

이제껏 모르고 살아온 세월, 후회보다는 지금이라도 다가선다면 모든 것을 이해하고 남을 아름다운 마음을 가진 게 바로 우리들의 아내다.

내가 아니면, 우리네 남편들이 나서지 않으면 외롭게 서있는 내 아내 누가 위로해 주겠는가!

　자식 위해, 남편 위해 오직 한길만을 걸어온 죄밖에 없는 사람, 이제
야 웃을 수 있게 관심과 사랑을 베풀어 주어야 하겠다. 남편에게, 자식
에게 상처받은 가슴, 이제라도 사랑의 붕대로 칭칭 감아준다면 당신은
웃겠지…….

　미안해! 여보.

　그동안 바삐 살아오느라 챙겨주지 못한 지난 세월을 반성하며…….

　당신을 사랑하는 남편이…….

나, 당신 사랑할래요

나, 당신 사랑할래요.

당신이 세상 그 어디에 숨어 있든,

내 발길 닿지 않는 그 먼 곳으로

홀연히 달아나 버릴지라도…….

나, 당신 사랑할래요.

끝없이 외쳐보는 나의 외침이 한줌의 재가 되고

당신을 찾아 나서는 끝없는 발걸음이

피곤에 지쳐 한숨을 쉬어도

가던 발걸음 멈추지 않을 겁니다.

나, 당신 사랑할래요.

당신 때문에 어린아이처럼 행복했고,

당신 때문에 내 가슴 웃을 수 있어 참 좋았습니다.

그런 내 당신! 내 곁에 있어야지요.

내가 꿈꾸는 행복한 세상,

내가 웃어 세상이 웃기 위해서라도

당신 내 곁에 있어야지요.

사랑해요 그리고 나 당신 사랑할래요.

이천십년 구월 열 여드렛날 출근길에…….

어머니에 대한 불효가 나를 아프게 한다

어머니께서는 그렇게 가시면서 '그리움'이란 단어를 유산으로 주고 가셨나 보다. 내 가슴에 남긴 사랑만큼이나 그리움 또한 많이 남아 있으니 말이다. 어머니 생각하자 금세 또 눈시울이 젖어온다.

불러보고 싶지만 대답이 없다. 오늘 같은 날은 어머니가 참 많이 그립다. 가만히 불효가 떠오른다. 어디 불효가 한두 가지겠느냐마는 그 중에서도 제일 마음 아픈 게 있다. 살아 계실 때 어머니 속옷 한 번 사드리지 못한 게 두고두고 후회가 된다.

우연히 들은 친구의 말 한마디가 나를 이렇게 마음 아프게 할 줄이야…….

어느 날 친구가 말한다. "어머님께 팬티와 브래지어를 선물했더니 어머님께서 그리 좋아하시더라"는 이야기를 했다.

"80세가 되셨지만 여자는 여자더라."

아직도 친구의 그 한마디는 내게 씻지 못할 불효로 남아있다.

꽃무늬를 유난히 좋아했던 어머니……. 살아생전 꽃무늬 팬티와 브래지어를 받았으면 얼마나 좋으셨을까…….

그 생각을 할 때마다 가슴이 저민다. 올해 기일(忌日)에는 꽃바구니만 어머님 영전에 바쳤다. 그러나 내년 기일에는 꽃바구니 속에 세상에서 가장 예쁜 팬티와 브래지어를 넣어 어머님께 꼭 드리고 싶다. 왜 진즉 그 마음을 몰랐을까? 생각할수록 마음 아프다.

생일날 아침이면 매년 오던 전화가…….

나이가 들수록 생일날이 되면 으레 차분해지는 느낌이 든다.

올해 역시 여느 해와 같이 차분해진다.

출근 길 많은 차들 사이로 내 차는 말없이 달리고 있다.

으레 이 시간쯤이면 전화 한 통을 받아야 하는데 오늘은 조용하다.

다름 아닌 어머니의 전화다.

매년 생일날 아침이면 "아이고 우리애기 미역국 먹었냐?"

살갑게 전화를 주시는데 올해는 전화가 없으시다.

올해 4월 어머니 돌아가시고 처음 맞는 생일이라서 그런지 생일인데도 기쁜 마음이 없고 마음이 허했다. 마음에 빈 구석이 생긴 것은 어머니의 사랑이 빠져나갔기 때문일까?

누가 뭐래도 하늘나라에서도 아들에게 끊임없는 사랑을 주고 계시리

라 믿지만 단지 이 불효한 자식이 느끼지 못하기에 마음이 허할 뿐이라
는 생각이 앞선다. 어머니의 마음은 세월이 가도, 생사를 달리해도 변
하지 않는다. 오직 변할 수 있는 것은 자식 된 자의 마음일 뿐이다.

허전한 생각을 갖지 말자. 내가 떠나보내지 않는 한 어머니의 사랑
은 내 곁을 떠나지 않을 테니까…….

갑자기 어머니에 대한 그리움이 밀려온다.

병원 그리고
아들 녀석

철든 놈, 잘난 놈. 자칭 나를 부르는 이름이다.

오늘은 난생 처음으로 병원에 가봤다. 목 부위에 혹이 하나 생겼는데, 혹 모르니까 검사 한 번 해보잔다.

피검사, 초음파검사 그리고 조직검사를 받았고, 목 부위에 두툼한 붕대를 감고 집에 갔다.

무뚝뚝한 막내 녀석 표정을 보고 싶었다.

"야! 지광아, 아빠 봐라."

붕대붙인 목을 보여줬다.

그 무뚝뚝한 녀석이 나를 보더니,

"아빠, 왜 그래……. 아빠, 왜 그래?"

내가 답변이 없자 자기 엄마한테 왜 그러냐며 채근한다.

"나도 몰라" 하면서 머리를 만졌다. 기특해서 말이다.

나중에 잠자리에서 들은 이야기지만, 막내 그 녀석이 한마디 했다.

"아빠 아프면 학교 안 가고, 아빠 병간호하겠다"고…….

흘려들었지만 '아들이 있어 행복하구나' 하고 느꼈다.

아무튼 결과는 일주일 후에 나온다고 한다.

조용히 좋은 결과를 기대하며 기다려봐야 할 듯싶다.

좋은 아버지로
돌아가야겠다

돌이켜보면 지난 세월이 너무나 감사하다. 나에게 너무나 큰 행복의 선물을 남겨준 것 같다. 주위 분들이 시샘할 만큼, 부러워할 만큼 훌쩍 커버린 행복……. 그 행복에 사로잡혀 있다.

세상에 태어나 단 하나 '성실하게 열심히 노력하면 원하는 모든 것을 다 이룰 수 있다'는 하나의 이정표를 세운 것 같아 기분이 좋다. 그러나 여기에서 만족하고 현실의 행복 속에 그저 비틀거리고 싶지는 않다. 내가 원하던 모든 것을 이루었다고 생각하는 것은 참으로 어리석은 내 일이요, 이는 '성공의 함정'에 빠지는 길이라는 것을 알기 때문이다.

"행복하다고 행복을 소유하려는 마음은 결국 행복의 노예가 된다"는 법정스님의 말씀이 생각난다. 거울을 보니 나도 흰 머리가 제법 많이 생겼고, 아내 역시 눈가에 세월의 흔적이 묻어 나온다. 지난 세월을 뒤

돌아보니 나도 모르게 만 10년이 훌쩍 지났다. 사업상 어려웠던 질곡의 세월 때문에 시간 가는 줄 모르고 살아왔나 보다. 이제는 보다 여유로운 마음으로 주변을 살필 나이가 되어버린 듯하다.

그동안 내가 부족했던 많은 부분들……. 그 중에 하나는 온전한 아버지의 역할이라 생각한다. 지금은 부족했던 그 부분을 찾아 겸허하게 나서는 지혜로움이 필요한 때라고 생각을 한다.

'일과 배움' 이란 우선순위 앞에서 늘 뒷전으로 외롭게 밀려 있었던 아버지의 역할……. 이제부터라도 일에 빠져, 배움에 미쳐서 다하지 못한 온전한 아버지 노릇을 제대로 한번 해봐야겠다.

뒤늦게나마 가족을 먼저 생각하는 남편의 모습으로, 좋은 아버지의 모습으로 돌아가려는 마음이 있어서 그런지 마음이 봄을 맞은 것처럼 행복하다. '남자가 나이 먹으면 가정으로 돌아온다' 는 말이 생각나는 오후다. 학창시절 밀린 숙제하듯 그간 다하지 못한 남편의 역할과 좋은 아버지의 모습을 찾아 뚜벅뚜벅 아버지의 길을 걸어야겠다.

날마다 '파티(party)' 하는 남자

아침에 잠에서 깼다. 나의 아침은 누구보다 게으른 편이다.

아니 와이프가 깨워서 일어날 때가 종종 있다.

핑계 같지만 숙면은 그날의 파티를 위해 필요한 것이니까…….

날마다 파티에 나서는 아침은 그저 먹는 둥 마는 둥. ㅋㅋ

어떤 때는 피곤하다는 핑계로 밥을 안 먹겠노라 시위를 한다.

때로는 침대 위에서 숟가락에 반찬을 올려줘야 먹는다.

먹으면서도 웃음이 난다. '요즘에도 이런 배짱 좋은 남자가 있나?'

싶다.

나이를 먹어도 와이프는 내가 귀여운(?) 모양이다.

'야자' 로 피곤해 하는 막내둥이 밥 먹이는 듯하니 말이다.

하루의 파티는 아침에 눈을 뜨면서 그렇게 시작한다.

일터에 나갈 때는 호텔연회(파티) 나가듯 신바람을 내며 나선다.

언제부턴가 일을 파티하듯 즐기는 여유가 생기면서 능률도 올랐다.

무엇보다도 회사 분위기가 밝다. 일하다 보면 간혹 짜증나는 일도 생긴다.

그럴 때면 그저 파티할 때 어느 한 사람이 술에 취해 술주정한다 하는 생각으로 깔끔히 정리를 한다. 그리고는 또 신나는 파티를 이어간다. 파티하듯 일하며 한 가지를 배우고, 또한 생활의 지혜를 터득한다.

이렇게 즐거움을 쫓다 보면 저녁……. 또 저녁 파티가 시작된다.

또 다른 파티의 연속이다. 저녁이면 거래처나 지인을 만난다.

못다 한 운동이나 취미생활을 즐긴다. 소주 한잔 기울이는 재미도 쏠쏠하다.

모두가 재미있다. 그렇게 그날의 파티는 진한 어둠과 함께 끝이 난다.

신나는 하루, 파티로 지친 몸……. 파티의 끝은 언제나 집이다. 그날의 다 못다 한 파티를 집에서 멋있게 마무리한다. 감사의 기도를 한다. 내일 또 다른 파티가 나를 설레게 한다.

잠자리에 든다. 졸음이 쏟아진다. 그저 많이 행복하다.

사랑은 제비 다리
고쳐주는 흥부의 마음

사랑은 조건 없이 주는 게 사랑이다.

떠나는 사람일지라도 조건 없이 주는 게 사랑이다.

사랑은 조건 없이 주는 게 사랑이다.

아무리 준다 해도 부족한 게 있다면 그것이 사랑이다.

사랑은 제비 다리 고쳐주는 흥부의 마음과 같은 것이다.

흥부가 제비에게 사랑을 베푸는 것은 목적이 있어서가 아니다. 원하는 것이 있어서가 아니다. 단순히 다친 제비가 다시금 창공으로 날 수 있게 아픈 다리를 치료하는 것이다.

원하는 것이 있다면 이미 그것은 사랑이 아니다.

그것은 보이지 않는 거래일뿐이다.

이 땅에는 다리 부러진 제비가 많다는 것을 느낀다.

그래서 할 일이 많은 것 같다.

처음으로 위(胃)
내시경 하던 날

나이 50에 난생 처음으로 위(胃) 내시경 검사를 했다.

나도 이제 나이를 먹은 듯하다. 만나면 주류가 건강 이야기가 많아지니 말이다.

며칠 전 평소 친하게 지내던 지인이 회사를 방문했다. 이것저것 얘기하던 차에 나이 50이 되도록 병원 건강검진 한 번 받지 않았다고 말하는 나를 이상한 눈으로 쳐다보았다. 그날 나는 지인의 강압에 못 이겨 난생 처음으로 병원에 예약을 했고, 결국 오늘 반강제(?)로 검사를 받게 되었다.

병원으로 향하는 동안 그리고 병원 문으로 들어가는 동안 그동안의 일들이 뇌리를 스치고 지나갔다. 그동안 재기하느라, 공부하느라 몸 돌볼 시간조차 없었다. 아니 어찌 보면 사치처럼 느껴졌다. 참 바보같이 살아온 지난날, 그러나 후회는 없다. 그렇게 애써 살아온 덕택에 지금은 행복하니 지난 과거를 후회할 필요는 없다.

생소한 일련의 검사들……. 심전도, X-RAY, 위내시경 등……. 초등학생처럼 졸졸 따라다니며 검사를 받았다. 드디어 위 내시경을 받을 차례가 되자 약간의 두려운 생각이 들었다. 병원에 가기 전부터 위(胃)내시경을 받을 때는 검사할 때 고통스러우니 수면내시경을 하라는 지인의 염려에도 마취를 안 하고 검사를 받았다. 정말이지 아프고 안 아프고를 떠나 마취로 인해 내 인생 잠시라도 눈을 감기가 싫어서 수면내시경을 하지 않았다.

약간의 통증을 참으며 검사를 받아보니 다행이 아무 이상이 없었다. 그저 감사할 뿐이다.

문득 생각을 했다. 이렇게 무심했던 나를 아무 일 없게 해주셨으니 '이제부터는 더 열심히, 더 건강하게 살면서 나에게 주어진 하늘의 소명이 무엇인지를 찾아 그 길을 애써 가야지' 하는 생각과 '그동안 게을러서 못나가던 태권도장에 가서 느슨해진 몸을 더 단단하게 만들어야지' 하는 다짐을 하는 의미 있는 하루를 보낸 것 같다.

다시 한 번 지인과 병원장님 그리고 임상병리 실장님께 감사를 드린다.

나는 외롭지 않아, 직원들이 있으니까!

갈대는 외롭지 않아, 새들이 있으니까.

일요일 낮 일주일 내내 꽝꽝대던 망치로 철판 두들기는 소리도 고요히 잠을 잔다. 그 찡찡대는 그라인더 소리도 멈췄다. 조용히 잠든 회사에 도둑고양이처럼 사장 혼자 나와서 자판을 두드리며 잠시 직원들의 상념에 잠겨본다.

우리 회사는 기계제작 업체이다. 그렇기에 직원들이 많이 힘들다. 아니 어쩔 때는 직원들이 애처롭기까지 할 때가 많다. 내가 배운 게 철(鐵)이고, 누군가 해야 할 일이기에 한편으로는 스스로 위안도 해보지만 직원들이 웃으며 따라주지 않으면 힘든 직업이다. 내가 당당할 수 있는 것도 모두다 직원 덕이고 우리 회사가 당당해지고, 알뜰해지는 것도 모두가 다 직원들 덕이다.

나는 그런 직원과 함께한다는 사실을 늘 자랑하곤 한다. 늘 직원타령(?)만 하는 사장들과는 대조적이다. 더 힘들고 피곤해야 할 업종이 오히려 웃어야 하는지, 그 이유가 뭔지 다른 사장의 부러움을 사기도 한다.

그래서 회사에 출근하면 그저 편하고 행복하다. 가정도 편하지만 회사에 오면 또 다른 행복감에 젖는다. 그래서 일요일에도 특별한 일이 없으면 회사에 무조건 들렀다 가는 게 생활화되었다. 창업부터 지금까지 한 번도 빠진 적이 없는 듯하다.

나는 외롭지 않다. 직원, 그들이 있어 외롭지 않다. 그러나 직원들이 열심히 하는 만큼 그들의 소망에 귀기울여보지 않은 자책감이 들 때가 많다. 이제까지는 회사를 키우기 위해 어쩔 수 없었다고 하자.

'이제는 사장인 내가 발 벗고 나서 그들을 돌봐야 한다'는 생각이 든다.

지금부터 실행을 해야 한다. 열심히, 묵묵히 일해 준 그들에게 작은 위로가 될 터이니 말이다. 일요일 회사에 나와 또 하나 중요한 걸 배웠다. 내가 이처럼 행복한 것은 가정과 회사 직원들의 헌신 때문이란 사실을 알기에……

오늘 배운 '그들에게 소중한 책임'을 다하고자 한다.

마음이 평온하다. 평온한 내 마음에 다가오는 햇살이 따사롭게 느껴진다. 이 햇살과 같은 따뜻한 행복이 직원들의 가정에도 포근하게 비추어졌으면 한다.

고마움의 창고

아무리 채워도 채워지지 않는 고마움의 창고.

누구나 마음속에는 고마움의 창고가 있을 듯싶다.

내 가슴에 역시 마음 한복판에 고마움의 창고가 자리하고 있다.

오늘따라 직원들에 대한 고마움으로 가슴이 저며 온다.

실로 '가슴이 저며 온다'는 말이 무슨 말인지 몰랐는데 오늘은 그 말뜻을 알 것 같다.

공장장은 발을 다쳐 깁스를 한지 1주일 정도 지났다. 책임의식 때문일까? 다친 날부터 목발 내던지고 하던 일을 계속한다. 좀 쉬라 해도 말을 듣지 않는다. 불편한 몸 붕대를 질질 끌면서 굵은 땀을 닦는다.

오뉴월 땡볕도 짜증스러운데 철(鐵)을 절단하는 작업을 하다 보니 공장에는 가스 불의 열기가 대단하다. 말 그대로 3D 업종의 전형이다. 그래서 더욱 마음이 아프다.

다행인 것은 그런 환경 속에서도 직원의 표정이 밝다는 이야기다. 얼마나 다행스럽고 고마운 일인가!

공장 한 켠에서 아르바이트 대학생 2명이 땀을 뻘뻘 흘리며 일하고 있다.

또 한 켠에서는 용접 일을 하는 일용 아저씨들의 모습이 보인다.

모두에게 너무 고맙다는 이야기를 해주고 싶지만 그마저 해줄 시간이 허락하질 않는다.

수박 2통을 들고 와 먹기 좋게 잘라 주었다. 맛있게 먹고 있는 직원들을 바라본다. 그들이 먹는 수박의 시원함과 같은 희망을 주고 싶다. 아삭아삭 씹는 수박의 단맛처럼 나의 고마움도 느꼈으면 하고 기도해본다.

갑자기 고마움에 대한 마음의 창고가 생각이 났다.

'고마움의 창고'는 사용하지 않으면 않을수록 용량이 급격히 줄어들지만, 계속 사용하고 또 사용하다 보면 더욱 커져만 가는 게 고마움의 창고라고…….

수박 한 통으로 하여금 직원들에 대한 고마움을 느끼는 하루였다.

성공은 바보다

'바보 사장' 밑에서 '바보 직원'들이 일하고 있다. 오후 내내 사무실에서 설계도면을 봤더니 뒷목이 뻐근하다. 으레 그렇듯 잠시 휴식을 하려면 공장에 나간다. 직원과 농담하는 재미로 사는가 보다. 힘들게 일하고 있는 직원들 곁에 다가가 스킨십 하는 것이 주특기니 주특기를 살릴 수밖에…….

저녁 6시가 되었는데 직원들이 퇴근할 생각을 하지 않는다. 요사이 며칠째 야근을 했는데 오늘도 야근을 하는 모양이다. 참 바보들이다. 일이 없으면 사장한테 왜 일이 없냐고 따지듯 성화를 대며, 결국 일이 많아야 행복해 하니 참으로 바보들이다. 남들은 직원교육이 잘돼서 그렇다고 한다. 그러나 우리 회사는 일 년에 단 한 번의 교육도 하지 않고, 그 흔한 회의도 없다. 야근이나 특근도 사장의 지시에 의해서 일한

적이 한 번도 없다. 회사의 모든 것을 스스로 하는 바보들이 모인 회사다. 그렇다보니 회사에 웃음이 끊이질 않는다. 바보라서 행복하다는 생각뿐이다.

서로를 생각하는 마음, 일과 일터를 사랑하는 마음이 긍정의 효과를 내는 모양이다. 긍정의 효과는 거래처의 두터운 신임과 함께 두려움 없는 강한 중소기업의 원동력이 되는 힘이기도 하다.

우리 회사가 타 업체보다 경쟁력 측면에서 강한 이유는 한마디로 '바보라서 강하다. 바보라서 충직하다' 는 것이다.

오늘도 고생하는 직원들을 위해서 내가 앞장서서 더 큰 '바보 CEO' 가 되어야지 하는 생각뿐이다.

인생의 네비게이터 역할을 하는 멘토

인생의 네비게이터 역할을 하는 멘토가 있으신가요?

아직 못 만나셨다면 한 번 찾아보는 것이 어떨까요?

소주 한잔하며 후배에게 한 말이 생각난다.

"지금은 내가 너의 멘토가 되고 너를 가르칠 것이다. 하지만 네가 내 나이가 되면 그땐 네가 나의 멘토가 되어다오. 나는 지금 너에게 부끄럽지 않은 멘토가 되기 위해 부단히 노력할 것이다. 나중에는 네가 나에게 더 정확하고 빠른 네비게이터 역할을 할 수 있도록 오늘을 열심히 살아다오. 지금 너의 키(Vision)를 키워다오. 나의 멘토로 네가 성장할 수 있고, 나중엔 너의 멘토로 내 노년이 행복할 수 있다면 행복하겠다."

이 시대의 리더로 같이 꿈을 키우며 열심히 살자. 각자의 길을 똑바로 열심히 걸을 때 우리 만남은 빛날 것이요, 둘이 뿜어내는 에너지는 사회의 힘(Power)이 될 것이다.

그 말에 책임을 지고 싶다.

내 주변의
사람들을 즐겁게 하라

'사람을 안다' 는 것, '사람을 만난다' 는 것……. 그것은 참 행복한 일이다. 우리는 날마다 만남이란 인연을 반복하며 살아간다. 그러기에 내 주변의 만나는 사람을 즐겁게 할 수 있다면 이보다 더한 행복감은 없을 것이다.

때로는 사람 때문에 고민하고, 때로는 원망도 하고, 더러는 미워하면서 살아간다. 하지만 어디 다 내 맘 같으랴! 그렇지만 모두 품어야 한다. 살면서 모든 인연을 지혜롭게 다스리지 못한다면 행복은 저만치 달아나 버리는 속성을 가지고 있다. 좋은 사람만 만나 행복하게 살았으면 하는 것은 욕심이다. 때문에 성공한 사람들은 나로 하여금 내 주변 사람들이 즐거워하는 일을 찾는 일에 게으름을 부리지 않는다. 내가 먼저 돌멩이를 던져야 물의 파동이 일어나는 것처럼 주변 사람을 위해 내가 먼저 헌신하는 습관을 길러야 한다. 그래야 주변 사람도 즐

거운 법이다. 주변 사람들이 즐거워할 때 비로소 내가 행복할 수 있기
에 말이다.

공자는 '가까운 사람을 즐겁게 해주는 것이, 먼 곳에 흩어져 있는
인재를 불러 모으는 비결'이라고 했다. 나는 말하고 싶다. '가까운 사
람을 즐겁게 해주는 것이, 세상에 흩어져 있는 행복을 불러 모으는 비
결'이라고…….

노후보험이나 연금보다
더 좋은 게 친구다

가을비는 외로움을 동반하고 내리는 걸까? 왠지 가을비가 내리면 외롭고 쓸쓸함을 느낀다. 오늘도 예외는 아닌 듯……. 그렇게 하루가 갔다.

저녁 퇴근 무렵 한 통의 전화가 왔다. "별일 없냐?" 하는 힘없는 목소리의 변호사를 하고 있는 친구의 목소리다.

"어……. 그런데 왜 힘이 없어?"

"그냥……. 괜히 그렇다."

그날 저녁 우리는 김치전에 소주 한잔하며 그동안 못한 이야기보따리를 풀었다.

서로의 취기가 오른다. 좋은 시간을 보내고 헤어질 무렵 친구는 내 손을 꼭 잡으며 한마디 한다.

"오늘은 친한 고등학교 친구 녀석 때문에 하루 종일 우울했었는데 너를 만나 이야기하다 보니 기분이 쫙 풀린다. 고맙다야 친구야~!"

내 눈을 쳐다보며 이야기하다 불쑥 나를 껴안는다. 그러면서 또 한마디 한다.

"야~, 너……. 우리 처음 만날 때 '니가 늙어서 내 노후보험이 되어주겠다'던 그 말 생각나니?"

"나는 니가 말한 그 말 생각하면 힘이 나고 그때마다 좋은 친구가 곁에 있어 행복한 느낌이 들더라……. 너무 고맙다."

그러면서 있는 힘껏 나를 꼭 껴안는다. 친구와 헤어져 터벅터벅 집을 향해 걸었다.

갑자기 가수 안재욱 씨의 '친구'라는 노래가사가 떠오른다.

"어느 곳에 있어도 다른 삶을 살아도 / 언제나 나에게 위로가 돼 준 너 / 늘 푸른 나비처럼 항상 변하지 않을 / 널 얻은 이 세상 그걸로 충분해 / 내 삶이 하나듯 친구도 하나야~."

혹하지 마라.
'혹' 붙는다

세상을 살다보면 좋은 사람도 있고, 나쁜 사람도 있다. 살다보면 사람 잘못 만나 어려움을 겪는 사람들을 간혹 보곤 한다. 그래서 그런지 나는 사람을 만날 때면 대학원 다닐 때 만났던 소중한 한 분을 마음에 그리곤 한다. 건설 회사를 단단히 키워놓으신 방창덕 사장님! 언제나 나를 친동생처럼 아껴주시고 항상 따뜻한 격려의 말씀을 전해주시는 사장님의 잔잔한 말씀이 살아오면서 지금까지 어려움을 극복하고 온전히 재기를 하는 데 많은 도움이 되었다.

건설업으로 기반을 단단히 잡으신 분인지라 사업을 하는 나로서는 그분의 말씀은 언제 들어도 귀감이 되곤 했다. 숱한 우여곡절을 겪으면서도 그때그때 슬기롭게 극복한 일, 주변 사람 때문에 마음고생한 일……. 잔잔하게 말씀을 하셔도 조용히 듣다보면 그분의 뚝심과 경영 철학은 마치 짙게 우러난 설렁탕 국물처럼 그분만의 훌륭한 인격이 진하게 배어 나온다. 언제 들어도 마음에 새겨진다. 종종 말씀을 들을 때면 '아! 저게 바로 그토록 알뜰한 회사를 경영하시는 분의 노하우구나' 하는 생각이 들게 한다. 오랜 세월을 잘 이겨내며 단단한 회사로 만드는 힘……. 만날 때마다 존경스럽고 배울 게 많아 시간이 허락하는 대로 좀 더 많은 시간을 함께하고 싶지만 요즘은 그렇지 못한지라 아쉬움이 많다.

한번은 사장님과 커피숍에서 차 한 잔 나눌 기회가 있었다. 말씀 도중에 난데없는 질문 하나를 하셨다.

"고 사장! 어떤 사람이 좋은 사람이야?" 뜻밖의 질문에, "예?……" 하며 아무 말을 하지 못했다. 왜 물어보시는지 의도를 몰랐기에 답을 얘기하지 못했다. 잠시 후 숱한 세월을 성공으로 이겨낸 주름을 보이며 편한 미소로 말씀하신다. "허허허~. 모르겠어? 별거 아냐……. 나한테 나쁘게 안 하는 사람, 바로 그 사람이 좋은 사람이야……"라고 말씀하신다.

지금도 그 말씀이 귓전에 맴돌며 문득 떠오른다. 그렇다. 살다보면 무수히 많은 사람들을 만난다. 그런 만남 중에 고마우신 분들은 많아도 진정 나에게 나쁘게 하는 사람이 없으니 이 또한 얼마나 행복한가! 오늘따라 방창덕 사장님 생각이 많이 난다.

사람을 만날 때 혹하지 마라. 혹 하다가는 '혹' 붙는다.

자갈은 서로
부딪히면서 강해진다

빛나고 강해지고 싶은가? 그러면 부딪혀라.

이불 덮고 상상한들 꿈은 이루어지지 않는다. 도전하고 또 도전하고, 좌절하고 또 좌절하는 과정 속에서 자란 사람만이 단단해지고, 강해지는 법이다. 많은 세월동안 혹독하게 단련된 돌이 강해지듯 시련을 많이 겪은 사람이 아름다운 것도 그 때문이다.

시냇가의 돌멩이도 서로 부딪히고 쓸리며 다듬어 지고, 서로 부딪쳐 깨지면서 강해진다. 하물며 인간이 부딪히고 깨지기를 두려워해서는 아무것도 이룰 수 없다. 더욱이 젊은이가 부딪히기 싫어한다면 꿈을 포기한 것이다.

나는 그런 사람을 좋아하지 않는다. 그런 사람은 사람 냄새가 나지 않기 때문이다.

달빛에 비춰 봐도
예쁠 것 같은 사람……

칭찬은 고래도 춤추게 한다더니……. 난데없는 말 한마디를 들었다.

모처럼 은사님 생각에 학교를 찾았다. 교수님과 조교 그리고 박사과정을 공부하는 후배와 함께 식사를 하게 되었다. 서빙을 하던 아주머니가 무척 친절하게 대해 주던 터라 분위기는 좋을 수밖에…….

한참을 잘 서빙하던 아주머니가 나를 보면서 한마디 하신다. "음……. 손님은 달빛에서 봐도 너무 예쁠 것 같다"고 말씀하신다.

나는 귀를 의심하며 "하하. 정말요……. 감사합니다……. 그런데 조금 전 뭐라고 말씀하셨어요?"

아주머니는 내 얘기를 몰라라 한 채 뒤돌아서 말씀하신다.

"달빛에서 봐도 예쁠 것 같다고요~."

내 나이에 그런 말은 처음인 듯싶다. 간혹 인상 좋다는 얘기는 들었어도 예쁘다는 얘기를 들었으니……. 거기에 '달빛에 비추어 봐도' 라는 얘기는 나를 멍하게 했다. 덕분에 우리 일행은 한바탕 기쁜 웃음을 지을 수 있었다.

좋은 말을 들어 기분은 좋았지만 식사를 마치고 이런 저런 논쟁의 끝은 언제나 그렇듯 나에게 많은 반성의 시간을 주었다. 좀 더 겸허해지자. 좀 더 말 수를 줄이자. 아직은 부족함이 많은 사람임을 자각하자. 어떠한 위치에 오를수록 더 겸손해져야 하는데 '바른말을 너무 쉽게 내뱉는 것 아닌가!' 하는 생각에 집으로 향하는 발걸음이 무거웠다. 말로만이 아닌 정말 '달빛에 비춰 봐도 투명하고 겸손한 나의 모습이었으면 좋겠다' 라는 반성의 시간……. 아파트 단지의 떨어진 낙엽, 싸늘한 바람이 오늘따라 내 모습처럼 무척이나 외로워 보였다. 에고, 언제나 철들까?

우리 동네
만두집 이야기

　퇴근 후에 저녁 먹으며 술을 한잔 했다. 터벅터벅 아파트를 향해 늦은 밤길을 걷는다. 밤 12시가 다 되었는데 만두집 불이 환하다. 매번 11시 정도면 정리하고 들어 갈 시간인데 오늘은 늦었나 보다. 집에서 기다리는 아내 생각에 만두를 사가려고 가게에 들어섰다. 원래 무뚝뚝한 만두집 아주머니……. 오늘도 예외는 아니다. 주문한 만두를 찌려고 솥에 만두를 집어넣는 아주머니는 7분을 기다리란다. 이내 아주머니의 손이 바빠졌다. 무엇을 하는지 유심히 살펴보았다. 10여 개 되는 양념 통을 앞에 두고 양념을 한 술, 한 술 떠서 그램(g)을 재고 있었다.

　장사 잘되는 집은 반드시 무언가 있기 마련이다.

　오랜 세월 동네 사람들의 입맛을 사로잡는 비결을 오늘에야 볼 수 있었다. 보통 만두 속을 만들 때 양념 조합은 감으로 적당히 하는 줄 알았다. 미세한 양념을 미세저울로 일일이 계량하여 만두 속을 만드는 정성. '아! 저래서 저 집 만두는 언제 먹어도 똑같은 맛을 낼 수 있는 것이구나!' 하고 느꼈다.

아주머니가 개근해서 양념을 만들어 주면 아저씨는 안쪽에서 만두피에 만두 속을 익숙한 솜씨로 만들어 내곤 한다. 열심히 사는 부부의 모습 너무 보기 좋았다.

보기 좋고 프로정신과 같은 모습에 친근히 다가가 물었다.

"매일 만두 속 재료를 그렇게 일일이 저울로 달아 만드나 봐요?"

돌아오는 답 역시 짧고 무뚝뚝하다.

"그럼요. 그래야 맛이 일정하고 맛있지……."

생활 속에서 미담이다, 프로정신 가지고 사시는 분들의 글을 써 온 터라 순간 글 쓸 소재가 하나 생겼다 싶어 다시 한 번 물었다.

"재료는 뭐, 뭐가 들어가나요?"

질문이 나가자마자 말없는 아저씨 무거운 입을 여신다. 나를 보는 눈초리가 무섭다. 순간 당황했다.

"그건 왜 물어봐요?"

남의 영업 노하우를 왜 물어보냐는 투다.

아차, 싶어 "아~ 다른 게 아니라요. 만두 속을 만드는 양념(재료)을 다 알려 달라고 하는 게 아니고 한 3가지 정도만 알았으면 해서 한번 물어 본 거예요. 사실은요……. 저는 글 쓰는 사람이거든요."

만두가게의 불필요한 오해를 풀기 위한 대답이었다. 또 한방 먹었다.

"글 쓰는 사람이면 글이나 쓰지 그딴 건 왜 물어봐……."

야밤에 이상한 사람이 되었다. 몇 년째 이용하는 동네가게 치고는

너무 야박했지만, 만두를 들고 터벅터벅 향하는 발길에는 많은 생각이
오고 갔다. 그분들은 만두가게가 생활의 터전이고, 가게가 잘되어야
자녀들 교육도 시키고, 원하는 소박한 꿈도 이룰 수 있는 행복 공간이
다. 따라서 행복의 공간을 침해하는 사람에게는 고객을 떠나 사납게
공격하는 본능이 있을 거라 생각했다.

어릴 적 제비 집을 건드리면 어미가 순간적으로 다가와 쪼아대고 울
부짖는 광경을 많이 보았지 않은가!

그분들이 좋다. 비록 내 마음을 몰라 퉁명스럽게 답하는 마음에도
그 마음속만은 맛있는 만두 속처럼 여리고 따뜻함이 살아 숨 쉴 거라
고 생각했다.

내 주변에 이처럼 열심히 사시는 분들이 있어서 좋다. 그러한 분들
이 많은 동네에서 살고 싶다. 그렇게 열심히 사시는 분들의 가정에 봄
햇살처럼 따스한 행복이 스미길 빌어 본다.

엉뚱한 것을 물어봤다. 제대로 한마디 먹었다. 하~ 하……. 그럴
'만두' 했다.

10일의 행복,
미용실 이야기

깍두기 머리……. 내가 좋아하는 머리스타일이다. 그렇다보니 머리 손질이 잦다. 한 달에 3번은 커트를 하니까 단골 미용실에서는 늘 VIP 대접을 받곤 한다. 자주 머리를 깎는 탓에 미용실은 돈 벌어서 좋고, 나는 10일 동안 행복해서 좋다. 머리를 깎으면 마음도 즐겁다. 그렇게 몇 년이 흘렀다. 그리던 중 다니던 미용실의 전용 미용사가 바뀌었나 보다. 그전 미용사는 참 폼 나게 머리 잘 깎아 줬는데…….

할 수 없이 또 다른 미용실을 찾아야 했다. 집 앞 근처의 미용실을 찾아 들어갔다. 들어가면서부터 서비스가 엉망이다. 하는 수 없이 앉아서 머리를 깎았다. 미용사는 손님은 안중에 없고 오히려 TV 연속극에 더 관심이 있는 듯하다. 짜증은 났지만 처음 간 나는 하는 수 없이 꾹 참고 머리를 깎을 수밖에……. 아니나 다를까 미용실을 나오는 순간까지 서비스라고는 찾을 수가 없었다.

“머리 감을래요?”부터 시작해서 “왜 그리 왔다 갔다 하세요?”까지…….

당연히 외출복장이니 말 안 해도 머리를 감아줘야 하고, 벗어놓은 안경을 찾다 보니 두리번거렸을 뿐인데……. 2명이 있었기에 그 사람이 주인인지 종업원인지 알 수는 없다. 하지만 습관화된 실종된 서비스 앞에 할 말이 없었다. 에구, 저렇게 해놓고 장사가 안 되면 경기 탓만 하겠지…….

“얼마예요?”

“6,000원요.”

만 원짜리 한 장을 꺼내며 결국은 한마디 해주고 나왔다.

“내가 미용실 다니면서 잔돈이 있어도 꼭 만원을 주었던 사람인데 오늘은 받아가야겠네요.”

쓸쓸한 뒷말을 남기며 돌아오는 길 문득 예전 미용사가 생각이 났다. 종업이면서도 외려 주인인 양 열심히 일했던 그분이 늘 행복하길 바랐다.

‘단골 1명이 부르는 경제효과! 불황일수록 고객관리에 만전 기해야.’

신문 기사가 또렷이 보였다. 어려울 때일수록 고객 한 명이 소중하고 단골손님 한 명이 더더욱 중요하다. ‘기본 서비스를 위에 기대 이상의 서비스가 제공될 때 고객은 돈이 아닌 만족이라는 선물을 주고 문을 나선다’는 사실을 알았으면 좋겠다.

한 번 실망하고 돌아선 고객은 다시 그 집을 찾아 ‘한 번 더’라는 기회를 주고 싶어 하지 않기에…….

"꿈을 향한 철저한 준비와 실천"

나의 도전이 젊은이들에게
시금석이 되었으면……

포털 사이트 네이버 검색창에 나오는 '시금석' 이란 단어의 원래 개념은 '귀금속을 판정하는 데 쓰이는 검은 돌' 이라는 뜻이라 하며, 비유적으로는 '어떤 상황을 판단하고 평가하는 데 기준이 되는 것' 이라는 뜻으로 쓰인다 한다.

바쁘게 살다보니 어언 내 나이 50이 가까이 다가왔다.

갑자기 그 단어가 문뜩 떠오르는 것은 왜일까?

50이 가까이 되었지만 아직도 학업에 대한 도전을 멈추지 않는 자신이기에 무언가 더 노력해서 나의 도전이 아름다웠노라고 말할 수 있게 하기 위함일 것이요, 나아가 나의 작은 도전이 젊은이들에게 꿈과 용기를 주는 시금석이 되었으면 하는 바람이 강하기 때문이다.

해마다 나는 내가 하는 사업 외에 새로운 그 무언가를 위해서 도전하는 습관이 있다. 그 습관대로 올해는 태권도를 배우고자 도장(道場)

을 찾았다. 대학시절에 태권도장에 가보고 실로 삼십 년 만에 태권도장을 다시 찾았다. 적지 않은 나이였지만 1년을 고생하여 태권 2단을 취득하였다.

태권도의 정신은 모름지기 인간의 호연지기(浩然之氣)를 키워주는 역할을 하는 것 같다.

3단, 4단 거슬러 올라가 육체적 건강함을 추구하면서 도덕적인 용기와 유쾌한 마음을 얻는다면 그 이상 무엇이 더 좋겠는가?

한 해, 한 해 나이는 먹어도 정신에서 우러나오는 도전만큼은 언제나 크고 왕성한 젊은이가 되고 싶다.

도전에서 성취하는 일은 내가 살아가는데 용기와 웃음을 주는 단초(端初)가 되곤 한다. 얽히고설킨 인생사 기쁜 마음으로 풀어가는 실마리가 곧 단초 아니겠는가?

내가 기쁜 마음으로 목표한 그것을 향해 한 발, 한 발 다가섬이 젊은이에겐 시금석이 되고 그들이 용기를 낼 수 있는 단초가 될 수 있다는 사실에 오늘도 즐겁기만 하다.

내가 지금도
공부하는 이유

인생이란? 초이스(Choice)다.

내가 공부하는 이유도 초이스(Choice)를 잘하기 위함이다.

인생은 초이스(Choice)로 시작되어 초이스(Choice)로 끝난다.

아침에 눈을 뜨면서도 좀 더 잘까 일어날까. 저녁에 잠들 때도 좀 더 있다 잘까 말까. TV 좀 더 볼까 말까. 순간순간 선택의 연속이다.

이처럼 살다보면 무수히 많이 부딪히게 될 선택, 눈뜨고 잠자는 시간 속의 선택이란 끊임없이 발생되는 법. 그 선택의 결과가 인생의 결과이기에 난 오늘도 늘 배움의 끈을 놓지 않고 배우고 또 배운다.

올바른 선택, 가치 있는 선택을 하라.

이왕 하는 것 성공하기 좋은 방향으로 선택을 하라.

성공 확률이 높은 쪽으로 선택을 하라.

가능하다면 찬스를 선점할 수 있도록 스피디하게 움직여라.

살다보면 늘 결정적으로 어떤 상황을 판단하고 결정할 때가 있다. 그 결정의 순간에 올바른 상황판단을 해야 하는 것이 중요하다.

내가 공부하는 것은 내 결정에 대한 보다 많은 책임을 강요하기 위함이다. 또한 배운다는 것은 후회 없는 선택을 하고, 가치 있는 결정을 할 수 있는 안목을 갖게 해준다. 안목은 나의 선택을 올바른 방향으로 빠르게 위치 이동시켜주는 능력을 가지고 있다.

성공의 위치 이동, 승리하는 위치 이동을 최단거리로 스피디하게 움직이는 사람이 성공하는 법이다. 이를 성공으로 가는 포지셔닝(positioning)이라 말하고 싶다.

좋은 위치에 발 빠르게 선점하기 위한 싸움이 인생이기에, 어찌 배우지 아니하고 그 뜻을 이루려 한단 말인가.

오늘도 배움의 끈을 놓지 않고 애써 공부하는 이유가 다 그 때문이다.

또 하나의 기쁨을 떠나는 여행

회사 일로 머릿속은 복잡하다.

평소 잘 돌아가던 CNC 기계가 어제부터 말썽이다. A/S를 불렀다.

기계를 청소 안 하고, 노후하고, 업그레이드 안 하면 고장이 나듯, '내 인생도 고장 나기 전 A/S해야 하는 게 좋을 듯싶다' 는 생각이 스쳐 지나간다.

아침부터 논문 지도 때문에 교수님의 호출이 있었다. 제자 사랑에 토요일도 반납하신 채 논문 지도를 해 주시려 하신다. 교수님에 대한 감사함보다는 사실 요즘 너무 바쁘고, 또한 경제 상황조차 한치 앞을 예측 못하는 시국인지라 스트레스는 더해만 갔다.

나의 상황을 잘 아는 와이프조차 '힘들면 그만두라' 한다. 하지만 나는 해야 한다. 늘 힘든 과정 속에서 새로운 것을 배우고, 그런 상황에서 어김없이 내 인생 한 단계씩 업그레이드시켜온 나 아닌가!

오기가 났다. 오히려 지금의 현실이 강물을 거슬러 오르는 연어처럼 꿈을 향해 거슬러 올라가고 싶은 충동이 강하게 느껴진다. 가야지, 가서 공부해야지…….

공부건 사랑이건 모두 다 나이 먹고 한다는 게 어렵다는 건 익히 아는 사실이지만, 오늘은 더 힘들게 느껴진다.

힘내자.

피하지 못할 바엔 차라리 즐기자.

늘 그럴 때마다 너는 꼭 해냈으니까…….

웃자. 그리고 가자. 여행가는 기분으로. 또 하나의 기쁨을 찾아 떠나는 여행처럼 말이다.

박사 논문 프로포잘 교수님 지도받으러 떠나며……

박사학위 논문
프로포잘 하던 날

'새벽이 오기 전 어둠은 절정을 다한다' 는 말처럼 마지막 학기란 그처럼 어려운 모양이다.

월……, 금, 토, 일 일주일 내내 회사 일을 접다시피 했다.

이처럼 회사 일을 등져본 시간이 없었기에 밤마다 잠이 오지 않았다.

2008년 6월 16일 박사학위 논문 프로포잘 하던 날, 그날은 자신을 뒤돌아 볼 수 있는 계기를 준 것 같다. 회사 일 접어두고 공부한 노력의 결과였지만, 결과물에 대해서는 너무나도 큰 아쉬움으로 남는다. 일생 한 번밖에 없는 일이거늘…….

준비가 너무 소홀했던 점을 나 자신 스스로가 반성해야 할 듯싶다.

내 자신이 이처럼 철저히 미워지는 날이 없었는데, 그날은 내 자신이 너무 미웠다.

발표 후 뒤풀이 행사 도중 스스로 감정을 통제하지 못하고 밖으로 뛰쳐나왔다. 밖으로 뛰쳐나온 나는 연신 담배만 피웠다. 오늘은 철저하게 내 자신이 미워진다. 여러 가지 상념이 스치고 지나갔다.

학교와 함께했던 많은 시간들…….

41살에 대학원 입학하여 지금까지 8년의 세월동안 한 번도 배움의 끈을 놓지 않았다. 사실 학교로 인하여 배움은 컸지만, 냉정히 생각하면 그 배움 때문에 잃은 것도 많았다는 것을 간과할 수 없다. 지금은 배움도 지리하고, 힘도 부쳐가는 인상이다.

무언가 시작하면 끝을 보는 성격이라지만 뒤집어 보면 포기하는 것도 큰 용기다. 무언가 하나를 포기하지 않으면 안 될 듯싶다. 회사 일을 접든지, 아니면 박사학위를 이쯤에서 포기하든지…….

자신감 하나로 살아온 나였기에 오늘처럼 일 못하고 자신감 코 박는 일이 또 있을까?

고민이 커져만 갔다. 오늘의 모습은 그냥 대충 넘어가기 싫었다. 나 자신이 분명한 해답을 내놓기 전에는 한 발도 전진하기 싫었다. 답이 나오질 않는다. 정신이 혼란스럽기만 하다. '포기하자, 그래 미련 없이 포기하자.' 온통 그 생각뿐이었다. 내가 전력투구를 하지 못할 바에야 포기하는 쪽이 현명할 거라는 생각이 들었다.

바람을 세게 불어넣은 풍선을 손에서 놓고 하늘로 오르는 풍선을 멍하니 바라보는 아이처럼 내 마음에 고뇌의 바람을 세게 불어 넣고, 내 마음을 놓아버리고 싶은 생각뿐이었다. 갑자기 생각이 멍해진다. 며칠 생각의 끈을 놓자.

전화벨은 계속 울려댔다. 나를 찾는 모양이다. 아침, 점심을 걸렀건만 곡기를 입에 넣고 싶지도 않다. 오직 술만 생각났다. 어딘가 푹 들어가 아무도 없는 곳에서 술이나 마셨으면 하는 생각만 가득했다. 그래도 오늘 주인공인데 참아야지……. 교수님도 계신데 추슬러야지…….

참고 또 참았다. 조용히 들어가 술만 마셨다. 빈속이라 그런지 취기가 빨리 왔다. 내 표정을 보고 마음 아파했을 교수님 생각이 나를 또 괴롭혔다.

오늘 나 어쩌란 말인가! 마지막까지 후배들과 뒤풀이를 하고 돌아오는 길, 그날따라 추적추적 내리는 비는 나를 더욱 슬프게 했다.

인간사 세상 물이 깨끗하면 갓끈 씻고, 세상 물이 혼탁하면 조용히 양말 벗고 발 씻으면 되는 법이다.

시대의 시류에 조용히 순응하는 것도 지혜다.

배운다는 것

"가르친다는 것과 배운다는 것은 서로 도와서 커진다는 것이다."

"배운다는 것은 어머니의 젖을 먹는 것과 같은 것이다. 어머니의 젖은 키를 크게 하고 몸을 살찌우는 것이라면, 배우는 것은 머리가 깨고 생각이 자라게 한다." − 권정생 님의 《몽실 언니》 중에서

배운다는 것은 태어남에서 죽을 때까지 인간이 해야 할 숙제인 듯싶다. 평생 배우지 않고 죽는다는 것은 숙제를 하지 않고 학교에 가는 학생과 같다. 숙제를 안 했을 때 결과는 선생님의 회초리와 꾸중밖에 없다.

저승에 가서 꾸중 듣고 벌(罰)을 설 것인가? 그럴 자신 있는 사람은 배우지 않아도 된다.

배움을 통해서 깨달음(覺)을 얻지 못한 사람은 희열(樂)을 모르고 살아가는 사람들이다.

'머리가 깬다'는 것도 깨달음(覺)을 얻기 위한 것이요, 생각이 자라게 하는 것도 결국은 깨달음(覺)을 얻기 위한 것일진대, 어찌 배우지 않고 살아가려 하는지……. 그런 사람들을 보면 '참 배짱 좋다'는 생각이 든다.

나이 들수록 더 배워야 하는 이유도, 나이가 들면 들수록 생각의 창고가 고갈되지 않도록 계속해서 채워 넣는 것은 소나무처럼 늘 푸르게 늙지 않고 살아가는 유일한 방법이 있기 때문이다.

많은 사람들이 불혹의 40대를 맞이하면 배움의 끈을 놓아버린다. 지금까지 배운 지식으로, 그동안 배운 자기 생각대로 남은 반평생을 살아가려 한다. 참으로 배짱 좋은 사람들이다. 그들은 마치 한 번 구매한 뮤지컬 티켓으로 이 공연, 저 공연 다 보려는 사람과 같다. 그들은 마치 처음에는 꾸준히 레슨 받고 열심히 필드에 나가던 골퍼가 어느 날부터 '골프 그까지 것 이제 연습 안 해도 언제라도 싱글 치겠구나' 하고 자만하는 것과 무엇이 다르겠는가.

고인 물에는 이끼가 끼고 냄새가 나듯이, 인간도 배우지 않으면 신선도가 떨어지는 법이다.

우리가 어렸을 땐 배가 고파 먹을 것 있으면 그냥 먹기 바빴다지만, 요즈음 아이들은 아무리 맛있는 음식이라 할지라도 유통기한을 반드시 체크하고 먹는 것처럼 세상은 빠르게 변화되고 있으며, 그에 따라 생각, 즉 사고(思考)의 유통기한은 급속도로 짧아지고 있다.

변화의 물줄기를 거스른 자는 성공할 수 없다. 변화에 순응하는 것이 자연의 섭리이자 인간의 도리이다. 초고속 인터넷을 두고도 예전의 희미한 슬라이드를 보려는 바보는 성공할 수 없는 법이다. 마치 등산할 때 대오에서 이탈하면 낙오자가 되듯, 나이 들수록 배움의 끈을 놓지 않는 게 오늘의 세상에서 '왕따' 되지 않는 유일한 방법일 듯싶다. 적어도 아이들에게 "아빠는 몰라" 소리를 들어서야 되겠는가!

나부터 열심히 배우고 또 배우는 것은 '내가 가는 곳 어디든지 그곳에 에너지(Energy)가 돌게 하고, 그곳에 희망과 용기를 풀어주는 펌프(Pump)의 역할을 하는 것이 나의 소임이 아닐까?' 하는 생각을 가져 본다.

무언가 배울 때
지혜(智慧)가 생긴다

지혜(智慧)란, 사물의 도리나 선악을 분별하는 마음의 작용을 일컫는 말이다. 다시 말하면 지혜란 모든 지식을 통할하고, 살아 있는 것으로 만들며, 구애받지 않는 뛰어난 의미로서의 감각을 말한다. 따라서 똑같은 일을 했을지라도 지혜로운 사람과 지혜롭지 못한 사람의 결과의 몫은 분명히 다르다는 것이다.

지혜로운 사람은 사물의 도리를 알기에 헛된 욕심을 추구하지 않는다. 지혜로운 사람은 선악을 분명히 구분하는 현명한 눈을 가지고 있다. 사람은 지혜로워야 자신의 노력을 흘려보내지 않는다.

그렇다면 어찌해야 지혜를 가지게 될까. 이 문제를 풀어야 한다. 지혜는 지식의 기반 위에서 자란다. 따라서 열심히 무언가 배우지 않으면 지혜의 샘은 말라버리기 십상이다. 지혜의 샘은 무언가를 지속적으로 배워가는 과정에서 자연스럽게 생성되는 것이다. 배움의 끈을 놓지

마라. 사람들은 어느 시점에서 배움의 끈을 놓아버리는 경향이 있다. 아니 될 일이다. '배움의 끈'은 곧 '지혜의 끈'이요, 이는 한 번 놓아버리면 쉽게 다시 잡기가 힘들어진다.

인생을 지혜롭게 살려거든 평생 배움의 끈을 놓지 말아야 한다.

내가 배워야 하는
3가지 이유

배워야 하는 이유 3가지.

첫째, 배움은 낙하산 줄과 같다.

낙하산 줄은 생명줄이다. 그러기에 절대 놓아서는 아니 된다. 배우지 않는다는 것은 마치 비행기에서 뛰어내린 사람이 공중에서 날다가 땅에 안전하게 착지한 줄 알고 끈을 놓는 것이나 다를 바 없다.

둘째, 배움은 내비게이션과 같다. 배움은 사람이 인생을 살아가는 데 보다 안전하게 길을 안내하는 가이드 역할을 한다. 사람들은 똑같이 길을 간다. 하지만 성공을 향해 지름길로 행복하게 달리는 사람이 있는 반면, 힘들고 목적지와 다른 비포장 길을 힘겹게 걷는 사람이 있다. 옛길을 더듬어 가면 그 길은 늦다. 최신형 내비게이션으로 길을 가면 편하고 빠르다. 구형 내비게이션을 최신 버전으로 업그레이드를 하듯 배워야 한다. 배워야 길이 보인다. 배워야 이길 수 있다. 지식의 부자 나라가 세계를 호령하는 이유도 이 때문이다.

셋째, 파이를 키워야 한다.

내가 배움을 멈추지 않는 이유 중 가장 큰 이유는 이미 내가 알고 있는 지식의 울타리는 그저 작다는 이야기다. 그 작은 울타리 안에서 무엇을 보고, 무슨 일을 하겠는가. 파이를 늘리면 둘레도 점차 늘어나 더 많은 것을 볼 수 있고, 더 많은 것을 경험할 수 있다. 파이가 커지면 접촉할 부분이 많아지기 때문이다.

현실에 안주하는 것만큼 어리석은 게 없다. 그런 어리석음의 노예가 되지 않으려면 배워야 한다. 한 끼 먹을 끼니는 없어도 배움의 끈은 놓아서는 아니 된다.

골치 아픈 공부

"세상 편히 살지 왜 늦은 나이에 골치 아픈 공부를 하느냐?"고 간혹 한 번씩 지인들에게 질문을 받곤 한다. 그럴 때마다 그냥 실없이 하하하 웃으며 한마디 한다.

"학교 다닐 때 많이 놀았으니까 늦게라도 머리 좀 채우려고……."

다시 돌아오는 말,

"나이 먹고 골치 아프게 왜 공부해……. 그냥 있는 대로 살지……."

나도 그러고 싶다. 공부 집어치우고 낄낄거리며 놀고 싶다. 안 그래도 골치 아픈데 그놈의 공부……. 때려치우고 신나게 놀고 싶다. 그런데 공부를 한다. 더 열심히 하려든다. 미쳤나보다.

내가 공부하는 이유.

첫째는 '내가 아는 만큼 지혜도 함께 자란다' 는 것을 느꼈기 때문이다.

둘째는 '내가 아는 만큼 창조성이 더 생기더라' 는 사실이다.

셋째는 '내 소중한 인생! 더 신나게 놀고, 더 신나게 즐기기 위해…….'

오늘도 공부를 합니다. 애써 배우려 노력합니다. '맞아요! 당신들 말대로 그저 단순하게 적당히 놀고, 그저 평범하게 인생을 즐기려면 공부하지 않습니다.' '더' 라는 한 글씨를 내 인생에 붙이고자 공부를 합니다.

박사학위를 받았어도 더 노력하려는 이유도 그 때문이다.

시도하지 않고서는
깨달음을 얻을 수 없다

도전하는 아름다움, '아 이거구나!' 하고 느끼는 깨달음. 무언가 시도하지 않은 사람은 경험 할 수가 없다. 그래서 시도하는 자에게만 깨달음을 주는 것이 인생 논리인가 보다.

난생 처음 뉴욕에 다녀온 후 영어 학원을 등록하기로 했지만 차일피일 미루다 한 달 후에 등록을 하게 되었다. 일주일에 2번 강의가 있지만 꼭 한 번은 빠지기 일쑤다.

어제는 정말이지 가기가 싫었다. 업무에 지쳐 쉬고 싶었다. 잘 알아듣지 못하니 스트레스가 심하다. 또 금방 까먹는다. 그렇게 할 바에야 차라리 영어 배울 시간에 즐거운 시간이나 보내는 게 상책이 아닌가 하는 유혹이 나를 괴롭혔다. 차를 몰고 학원에 가는 그 시간까지 그 갈등은 여전했다. 그렇지만 젊었을 때도 몇 번을 그랬듯 이번에 영어 공부를 실패하면 평생하지 못할 거라는 생각이 앞서 학원으로 발길을 옮

졌다. 아(我)와 비아(非我)의 싸움에서 아(我)가 이기는 순간이다.

원어민 수업……. 수업 내내 잘 알아듣지는 못해도 차츰 오기가 발동했다. 나는 오기가 발동하면 끝장을 보는 성격이란 사실을 이미 알기에 짜증 속에서도 희망을 읽을 수 있었다.

수업이 끝나고 원어민 강사에게 다가가 말했다. 2달만 기다려줘라. 지금은 잘 알아듣지 못해도 내가 꼭 열심히 하겠다. 원어민 강사는 나를 보며 "고맙다!"며 엄지를 치켜세워 주었다.

나이 먹고 공부한다는 게 피곤하기도 하고 어찌 보면 창피하기도 하다. 그렇지만 아름다운 도전은 그까짓 시선쯤이야 능히 극복할 힘을 지녔다. 또한 '누군가가 나이를 잊고 도전하는 사람이 있어야 젊은이들에게 신선한 자극을 줄 수 있는 법이다'라고 생각하니 더더욱 자신감이 생겼다.

그날은 술을 좀 마셨다. 술이 약한 나로서는 곤혹이다. 하지만 박사 학위 공부할 때도 그랬거니와 마시지 않으면 스트레스 받아 포기한다는 생각에 원하지 않은 술과 친했던 기억들……. 나 자신과 싸워 이길 수 있는 길이라면 좀 힘들어도 좋다. 나는 힘든 그 길을 반드시 갈 것이다. 그리고 원하는 것을 이루어 내고야 말 것이다. 내가 이렇게 힘들어 할 때 무언가 하나를 얻었던 값진 기억이 새록새록 나를 춤추게 한다.

공부를 하다보면 힘들다는 핑계로 술 마시는 횟수가 50번, 아니 100번은 되겠지……. 그 많은 고통스런 날들을 뒤로 해야 무엇인가 하나를 얻을 수 있는 법. 세상 그 무엇 하나 공짜가 없음을 다시 한 번 새삼 느끼는 하루였다.

졸업식을 마치고……

3 + 12 + 15 = 33

내 배움의 숫자다.

고등학교 3년, 이후 대학졸업까지 무려 12년 그리고 대학원 생활 15년 만에 박사학위를 받았다.

어제 졸업식이 끝나고 이것저것 생각이 많아진 것 같다. 돌이켜보면 2008년은 두루두루 많은 성과를 얻는 한 해였지만 얻은 만큼 지금부터 할 일이 더 많아진 듯하다.

갑자기 생각 하나가 머리를 스치고 지나갔다.

'맛있는 밥을 배부르게, 아니 배터지게 먹은 사람이나, 라면으로 허기를 때운 사람이나 다음날 배고픈 것은 마찬가지다.'

무언가 해냈다는 설렘보다 마음이 허(虛)한 것이 그 때문일까? 그래서 올해는 이룸보다는 나를 바로 보는 시간을 갖고 싶다. 이제는 책가방 잠시(?) 내려놓고 사람 냄새나는 따뜻한 곳을 여행도 하고 싶고, 잔잔한 인정과 위로가 있는 곳에서 담소도 나누고 싶다. 나도 몰래 멀찌감치 달아나버린 ‘여유’ 란 놈도 다시 찾아 마음껏 놀아주고 싶다. 지인도 만나고, 옛 친구도 찾아보고 싶다. 사랑이 그리운 곳을 발로 찾는 연습이 필요한 때인 듯싶어서…….

가녀린 나뭇가지에 주렁주렁 매달린 과일나무는, 남 보기에는 좋지만 정녕 그 나무는 고통스럽고 힘들 듯 이제는 자신을 위해, 메마르지 않는 삶을 위해 뿌리를 깊게 하고, 줄기를 단단하게 키워 나의 삶을 위로하는, 그런 소박한 계획을 차근차근히 가져 보련다.

미국에 와서
영어 공부하려면 늦다

미처 준비하지 못했던 글로벌 마인드, 미처 준비하지 못한 글로벌 폼을 가지고 살아 온 부분을 반성한다.

내가 미국에서 업무를……. 아니, 미국에서의 여행을 꿈꾸지 못했다. 미처 글로벌 마인드를 갖지 못했고, 글로벌 폼을 잡지도 못했다. 마치 복싱 선수가 폼을 잡기도 전에 강펀치를 맞은 듯한 얼떨떨함을 느껴야 했다. 다 내가 준비가 덜 된 탓이다. 이십여 년을 배웠어도 제대로 한마디가 튀어나오지 않았다. 웃음도 나고, 한심하기도 하고……. 나를 닮지 마라. 글로벌 마인드를 갖지 못한, 글로벌 폼을 갖추지 못한……. 이번 미국 여행을 통해서 뼈저리게 느꼈던 생각들…….

지금부터 준비하자. 아직 늦지 않았다. 문제가 발견되면 그것을 해결하는 데 열중하는 사람이 되어야 한다. ‘발분망식’ 이라고 끼니를 잊을 정도로 무언가에 몰두한다면 아직도 늦지 않다.

"왜 학문에 발분하면 끼니도 잊고 도를 즐기며, 근심과 걱정을 잊으며, 늙음이 닥쳐오는 데에도 그런 것을 알지 못하는 사람입니다(發憤忘食 樂以忘憂 不知老之將至)"라고 대답한 공자님의 말씀이 새삼 떠오르는 이유도 그 때문인 듯싶다.

한 가지 일에 온 정신이 쏠려 있다면 세상에 안 될 일이 없다.

내 인생의
3,650일 가꾸기

‘10년이면 강산이 변한다’는 옛말이 있듯 나는 10년, 즉 3,650일이 주는 ‘의미’를 알고 있다. 그것은 내가 원하는 그 무엇을 얻으려면 10년을 투자해야 한다는 것이다. 10년 동안 많은 정성과 노력을 적립해야 원하는 것을 이룰 수 있다는 말이다.

10년의 각고(刻苦)의 노력 끝에 성과가 주어진다는 법이다.

어느 분야의 전문지식에 정통하려면 최소한 10년 정도는 꾸준히 노력해야 한다.

1년 만에 아니 3년, 5년 만에 노력의 결과물이 주어진다는 건 행운이다.

요행을 바라다보면 실패가 보이는 법이다. 자고로 인생은 멀리 보고 꾸준히 노력을 하다보면 꿈을 이루지만, 일순간의 행운만을 쫓다보면 낭패를 보기 쉽다.

성공이란? 낙숫물이 바위를 뚫듯 보이지 않는 오랜 세월동안 열심히 꿈을 향해 묵묵히 정진한 자의 몫이다.

10년이면 강산이 변하듯 10년의 세월동안 내가 하루하루 새롭게 변해야 내가 원하는 그 꿈을 이룰 수 있고, 내가 변해야 이른바 원하는 꿈을 이룰 수 있다는 것은 상식이다.

어느 분야에서 일인자나 전문가가 되기 위해서 10년을 과감히 투자하는 정신, 그것이 내가 해야 할, 나아가 우리가 해야 할 최소 스펙인 듯싶다.

서둘지 마라. 중단하지 마라.

무언가 이루기 위해서는 그때그때 집중력과 함께 세월의 무게도 실어야 얻을 수 있다.

80 평생, 내 인생 스무 살부터 내가 원하는 꿈에 도전을 시작한다고 가정해보자. 10년에 한 가지씩 내 꿈을 위한 노력을 쏟아 붓는다면 여섯 번의 꿈에 도전할 시간이 있는 법이다.

내가 이룰 꿈 6개, 6번의 기회를 부여받은 행운이 나에게 있다는 사실이다. 10년의 세월이 길다고 투정부릴 게 아니라 6번 중에 하나만을 성공해도 훌륭하다.

그 한 번의 성공만 있어도 멋있는 인생이 될 듯싶다.

한평생 아무것도 이루지 못하고 가는 사람이 있고, 한평생 한 가지 일에 미쳐서 이룬 장인(匠人)들을 볼 수가 있다.

전자는 꿈이 없는 사람이거나 노력이 부족한 사람이요, 후자는 꿈을 가지고 끊임없이 '절차탁마' 하는 매사에 '정성과 열정' 이 있는 사

람이다.

꿈은 가지지 않는 자는 미워하고 원망하지만, 꿈을 갖고자 하는 이에겐 다정한 친구로 다가간다. 꿈은 나태와 게으름은 탓할지언정, 나이를 탓하지는 않는다.

우리 모두 소중한 꿈을 갖자. 그리고 그 꿈이 반드시 이루어지기를 희망해보자. 나를 위해, 소중한 나의 가정을 위해 투정부리지 않고 애써 3,650일 원하는 꿈을 위해 부단히 노력하는 멋쟁이가 되었으면 싶다.

사랑의 프러포즈

PROPOSE하듯…….

가장 위대한 업적도 한때는 꿈이었다.

'가장 위대한 업적도 처음 한동안은 꿈이었다. 참나무는 도토리 속에서 잠자고, 새는 알 속에서 잠자며, 영혼의 가장 원대한 꿈속에서 깨어있는 천사가 돌아다닌다. 꿈은 현실의 씨앗이다.'

제임스 앨런의 글이다.

누구나 아름다운 사랑을 하고 행복한 가정을 이루는 것을 꿈으로 여긴다.

멋진 사랑을 하기 위해서는 사랑의 프러포즈가 우선시 되어야 한다.

목표한 꿈을 이루기 위해서도 마찬가지로 프러포즈가 중요하다.

연애편지를 쓰듯 꿈을 써 나아가고, 사랑이 담긴 선물을 건네듯 열정으로 프러포즈해야 한다. 프러포즈가 통하면 원하는 사랑도 내 것이 되는 것이다.

꿈의 성장 속도는 생각의 속도에 열정의 속도를 더한 것이다.

봄에 씨앗을 뿌려 가을에 수확한 농부처럼 땀방울의 결과가 수확의 결과물이 되는 법이다. 이처럼 열정의 프러포즈는 꿈을 창조하는 힘을 가졌다. 이루지 못한 것들은 열정적으로 소망하지 않은 것이라는 사실이다.

프러포즈할 자격이 있는가?

없다면 자격을 갖추도록 애쓰고, 있다면 열정으로 다가가라.

네가 원하는 사랑도, 꿈도 모두다 현실이 될 거니까…….

성공을
연필로 써라

"꿈으로 가득 찬 설레이는 이 마음을, 사랑을 쓰려거든 연필로 쓰세요."

전영록의 '사랑은 연필로 쓰세요' 가 생각난다.

누구든 사랑하고 싶거든 연필로 써라.

누구든 성공하고 싶거든 연필로 써라.

막연한 생각만으론 되지 않는다. 추상적으로 세상에 이룰 것이라고는 아무것도 없다. 하얀 백지에 마음을 물들이는 연습을 많이 한 사람이 성공하는 세상이다.

야구, 골프에서도 이미지 스윙이 중요하다.

그려 넣는다는 것, 마음을 담는 것이다. 마음을 단련하는 것이다.

수없이 많은 성공의 그림을 글로 써내려가는 사람만이 성공한다는

사실이다.

　자기 목표를 글로 기록한 5%의 사람들 중 95%가 목표를 성취했다고 한다. 자기 목표를, 자기 비전(Vision)을 글로 쓰는 사람은 이미 성공확률 95%라 해도 과언은 아닐 듯싶다.

피터 드러커의
《생각의 끈》

사람은 생각한 대로 이루게 되어 있다.

단지 그 시기가 좀 더 빠르고, 늦고 할 뿐 반드시 생각한 대로 이루어진다.

아니 어쩌면 생각하지 않은 것까지도 얻을 수 있는 게 인생이다.

누가 나에게 따질지 모르겠다. 자기는 죽어라 해도 안 되던데, 성공을 뭘 그리 쉽게 말하느냐고 할지 모르겠다. 따져도 좋다. 돌을 던져도 좋다. 적어도 나에겐 그랬으니까. 생각의 '끈'을 놓지 않은 사실들에 대해서 외려 그 이상으로 나를 환하게 웃게 해 주었으니 말이다.

학교 얘기만 해도 그렇다. 중학교를 우등생으로 졸업하고, 공부 잘했다고 나에게 돌아오는 선물은 공고(공업고등학교) 입학하는 것이었다.

그때만 해도 박정희 대통령이 나서서 공고생들을 '조국 근대화의 기

수’라 칭하며 공고생들을 대우(?)해 줄 때였기 때문이다.

그렇게 고등학교를 다니면서 내 의지는 산업현장이 아닌 배움이었다.

뒤늦게 깨닫고 난 다음에 오는 것은 후회뿐……. 그러나 그때 대학에 대한 생각의 ‘끈’을 놓지 않은 결과가 있었기에 오늘의 박사학위를 취득하게 된 밑거름이 된 듯싶다. 그때 배움에 대한 ‘생각의 끈’을 놓았더라면 오늘의 경영학 박사는 없었을 것이다. 박사학위의 그 단초가 바로 생각의 ‘끈’이었다. 어디 그뿐이겠는가!

내가 지금 배우는 태권도도 그렇거니와 가정도, 사업 시작도, 멋진 재기(再起)도 모두 생각의 ‘끈’에서 나온 결과물이기에 이 대목은 백 번을, 천 번을 강조해도 무리는 아닐 듯싶다. 지금 내 인생에 대해서 나 스스로 만족하며 자랑스러워하는 것도 모두 생각의 ‘끈’ 때문이다.

그 모든 것이 생각의 ‘끈’에서 아름다운 열매를 맺었다는 것을 부인할 수가 없다.

피터 드러커를 만나기 전, 이미 나는 생각의 ‘끈’이 무엇인지도 모르고 그 말을 신봉했었던 것 같다.

뒤늦은 2001년에 경영학 공부를 시작하면서 그의 책을 처음 접했다.

2007년에는 신간 피터 드러커의 《마지막 통찰》이라는 책을 읽고 또 읽었다.

“그는 왜 죽음의 순간까지 생각의 ‘끈’을 놓지 못했을까?” 몇 번이고 되뇌면서 한 줄, 한 줄 읽어 내려갔다.

49세, 내 나이 많은 것 같지만, 2005년 96세의 나이로 타계한 ‘경

영학의 아버지' 피터 드러커에 비하면 지금은 청춘이다. 아직 내 인생은 그의 반밖에 살지 못했다.

나는 지금 또 행복한 노후를 위한 생각의 '끈'을 동여맬 시간인가 보다.

백만장자를
꿈꾸는 젊은이에게

빈손으로 백만장자가 되는 꿈은 모든 샐러리맨의 꿈일 게다.

그러나 백만장자가 되는 것은 꿈이 아니라 현실이다.

나 역시 그랬거니와 그 꿈을 이룬 많은 사람들은 한결같이 말한다. '일에 미쳐 열심히 하다 보니 나도 모르는 사이 꿈이 이루어 졌다' 라고.

백만장자, 아니 천만장자의 꿈을 이룬 사람들의 공통점은 한결같이 오랜 세월동안 묵묵히 한길을 달려온 사람들이다.

그들은 일을 사랑하고, 일에 미치며, 일에 재미를 느끼며 살아온 사람들이다.

이런 사실은 오늘을 살아가는 젊은 사람들에게 무릇 시사하는 바가 크다고 볼 수 있다.

꿈꾸라. 큰 꿈을 꾸라. 그리고 그 꿈을 향해 묵묵히 일하라.

이룸의 현실은 세상 떠들썩하게 오는 게 아니라 이마에 흐르는 땀방울을 통해 소리 없이 다가오게 되어 있다.

1년, 아니 10년을 소리 없이 묵묵히 땀을 흘린 자만이 백만장자가 될 수 있는 자격이 있는 사람들이다.

눈뜨면 밥을 먹듯 '꿈은 반드시 이루어진다' 는 희망을 가져야 한다.

나에게는 꿈이 있습니다. 아직도 남아있는 나의 꿈. 오늘도 그 꿈을 향해 묵묵히 땀 흘리는 이유는 백만장자의 꿈을 이루면서 느끼던 그때 그 시절이 저에겐 너무 아름다웠고, 지금도 그때의 행복감을 잊을 수 없기에 일을 놓고 싶지 않습니다.

지금도 그때의 성취감에 꿈을 놓고 싶지 않습니다.

"얍" 30년 만에 도장을 다시 찾아 나섰다

문득 어언 30년 전의 대학시절이 생각난다.

젊은 날의 유혹도 많았고, 꿈도 많았던 젊은이 대학시절에 그 흔한 미팅 한 번 못해보고 학교 수업이 끝나면 아르바이트를 위해 내 발길은 묵묵히 태권도장으로 향했던 기억이 새롭기만 하다.

어느 날 나잇살로 굵어진 허리를 보며 문뜩 틈만 나면 운동하던 대학시절이 생각났다. 아무리 나이를 먹어도 전혀 흐트러지지 않을 것 같은 단단한 내 몸매(?). 그러나 이미 흐트러진 뒤 오래다. 그놈의 술살, 나잇살에 나날이 불어나는 뱃살. 다른 사람들은 날보고 '아직도 좋은데 뭘' 하지만, 나는 거울 앞에 설 때마다 불만이다. 누구나 흐르는 세월 앞에 장사(將士)는 없을 듯하다.

아득한 옛날이 되어 버렸지만 틈만 나면 운동하던 그 시절이 생각이 났다. 태권도로 다져진 육체적, 정신적 건강은 내가 직장생활을 할 때나 사업을 하는 지금이나 내가 새로운 일에 도전할 수 있는 용기와 자신감을 주었을 뿐만 아니라, 역경에 부딪칠 때마다 좌절하지 않는 정신적 지주 역할을 해준 것 같아 늘 뿌듯하곤 했기에……. 그래서 지금도 그 시절만 생각하면 자신감과 용기가 되살아나는 것도 그 때문인 듯싶다.

언젠가 한 번 그 시절로 돌아가 보고 싶었다. 흐트러진 나를 리모델링하는데 태권도……. '태권도'가 생각났다. 나이 들어 뱃살과 겨루기 한 판하고 흐트러진 정신(精神)을 재무장하는 데는 최고란 생각이 들었다.

한 번 호기심이 들면 일을 벌이는 성격, 뭘 하겠다고 마음먹으면 꼭 해내야 직성이 풀리는 성격에 무작정 집근처의 태권도장을 찾았다. 내가 도장에 들어서자 딱히 반기지는 않은 관장님의 표정에 쑥스러움이 더했다. 이내 호칭부터 달랐다. 말끝마다 '아버지'란다. 하기야 관장님과도 띠동갑 정도 되어 보이니 그럴 수밖에…….

아버진들 어떻고 할아버진들 어떠랴. '당장 접수하고 배우겠다'고 했다. 그러자 관장님의 태도도 바뀌었다. '태권도복 맞추고 내일부터 운동 시작하자'고 한다.

기쁜 마음으로 접수하고 하루 이틀 새롭게 배워가는 저녁 운동시간은 새 활력 그 자체다. 무언가 또 새로운 하나를 시작한다는 뿌듯함으로 우일신(又日新)하는 하루하루. 운동하면서 몸을 만들고 흐르는 땀을 닦아낼 때의 만족감, 날마다 무언가 배운다는 생각, 내 자신이 새로워지고 있다는 생각, 가만히 있어도 나의 선택에 대한 만족감이 날마다 나를 설레게 한다. 도복 입고 운동하는 그 시간만큼은 일상을 잊고 새로워지는 나를 보는 재미에 푹 빠져 있다.

오늘도 어김없이 저녁 시간은 태권도장이다. 태권도에 대한 설렘으로 하루를 시작하는 요즘의 일상……. 일도 즐겁다. 말 그대로 신바람이 난다. 얍! 얍! 기합소리와 함께 커가는 자신감. 그 기합소리에 몇 년은 더 젊어진 느낌이 든다.

사업도, 배움도, 행복도 힘찬 기합 소리처럼 쭉쭉 뻗어 나갔으면 싶다. 이 좋은 기분, 자신감, 성취감……. 올 한 해 그저 쭈~욱 유지했으면 싶다.

49살에 태권도 공인 2단을 취득하고…….

나는 꼴찌다

나이 50에 태권도를 한다는 게 쉬운 일은 아닌가보다. 결코 쉽지 않은 그 배움의 길을 걷고 있다. '인생은 평탄한 길도 있지만 굽은 길, 오르막길도 있다. 배움은 평탄한 길을 걸을 때 사용하는 무기가 아니라 굽은 길, 오르막길을 걸을 때 사용하기 위해서 배우는 것이다.' 늦은 나이에 태권도를 하는 이유도 미래를 행복하게 살고자 하는 욕망에서 운동을 하는 것이다.

청량 태권도장의 마지막 타임은 9시 반이다. 하루일과를 마치고 쉬어야 할 시간에 몸을 만들고 있다. 고등학생과 청·장년층이 운동을 하는 시간이다. 젊은이들과 함께하는 즐거움은 있지만 따라 하다 보면 금세 지치고 만다. 그렇다보니 땀은 비 오듯 흐르고, 늘 꼴찌다. 도장에 가면 나는 '꼴찌 인생'이다.

그러나 운동하는 게 너무 즐겁다. '비록 운동을 하는 사람 중에서는 꼴찌지만, 운동을 하지 않는 사람들을 모아놓으면 그때는 내가 일등이다.' 도복이 땀에 흠뻑 젖는다. 도복에 땀이 밸수록 나의 자신감과 건강은 적금 쌓이듯 불어만 간다. 그래서 많이 행복하다. 무엇인가 시도하는 즐거움 속에서 성공도 소리 없이 인큐베이팅 되고 있음을 느낀다. 샌드백을 칠 때마다 짝짝 달라붙는 느낌처럼 행복이 내 몸을 감싼다. 하루가 행복하다. 누가 이 행복한 기분을 알까?

내가 애써
운동(태권도) 하는 이유

명절 전이라 몸과 마음이 피곤하다. 운영하는 사업체가 수주산업이기 때문에 물량을 조절하지 못한다. 많을 때는 많고, 적을 때는 적고……. 하필이면 명절 전에 수주량이 많아 소화하기 힘들다. 납기를 맞추느라 애써 열심히 일하는 직원들을 보면 나도 모르게 스트레스를 받는다. 늦은 시간까지 그렇게 하루가 지나갔다.

그러나 아직 끝나지 않았다. 나는 또 할 일이 남아있다. 다름 아닌 운동(태권도)이다.

부랴부랴 태권도장으로 향했다. 벌써 중고생들은 한겨울을 아랑곳 않고 굵은 땀을 흘리며 우렁찬 기합소리를 내뱉고 있다. 인천 청량 태권도체육관의 하루는 그렇게 시작된다. 밤 9시 반 마지막 타임이다. 지치고 힘들어도 내게는 꿈이 있어 포기할 수 없는 길이다. 4단을 취득하여 사범자격증을 받고 사회에 봉사하는 것이 내 꿈이다. 나이 들어서도 건강한 삶을 유지하고 사회를 도모하기 위해 몸을 가꾸고 있다.

'신나는 세상, 행복을 누리려면 몸이 건강해야 한다.' 그러기에 남다른 열정으로 땀을 흘리고 있다. '50세의 나이에 무슨 태권도냐'고 비웃는 사람이 있다. 하지만 나는 행복하다. 무언가 배운다는 것이 좋고, 나이 들어 탄력이 떨어진 근육에 힘이 붙어서 좋다. 내가 무엇을 배운다는 자체만으로도 행복하다. 지금은 4단 심사를 앞두고 있다. 땀을 흘리며 노력한 만큼 4단을 반드시 취득할 수 있도록 남은 기간 최선을 다하고 싶다.

첫 도전에 떨면
한평생 용기가 없어진다

옛말에 "첫 추위에 떨면 겨우내 춥다"는 이야기가 있다. 나 역시 그랬다. 중 3때 체력장 준비한다고 철봉에 매달려 뱅글뱅글 도는 철봉 운동을 하다 그만 균형을 잃고 떨어져 팔목을 다친 적이 있다. 그때 삐끗했던 팔목을 방치해뒀던 터라 지금도 약간 팔목이 어긋나 있다. 그렇듯 한 번 겁을 먹고 나니 그 후에는 철봉을 잡기가 겁이 났다. 운동 좋아하는 사람이지만 아직도 철봉 곁에만 가면 철봉을 하고 싶다는 생각이나 마음도 없다.

젊은 날의 한 번의 실수……. 이것을 겁나해서는 평생 잊고 살아야 한다는 걸 느꼈다. 그렇듯 인생의 첫 도전 또한 실패를 맛보았다 해서 그냥 방치해두거나 겁을 내서는 무슨 일이건 재도전할 동력(힘)이 없어진다. 첫 추위에 떨지 말고 반갑게 맞아야 한 겨울을 추위에 떨지 않고 지낼 수 있듯이 인생의 첫 도전, 즐기면서 받아들이는 용기가 있었으면 한다. 실수를 해봐야 더 큰 것을 이룰 수 있다. 이처럼 인생은 끊임없는 도전과 좌절 속에서 꽃 피우는 것이지 한가하게 성공을 갈구해서는 그 어느 것 하나 이룰 수 없다.

성공의 값진 보물을 쉽게 탐하려는 것은 성공에 대한 도적질이다. 성공에 대한 예의를 갖추어야 한다. 성공에 대한 예의는 내가 어렵게 일구고자 하는 마음이다.

미녀를 얻으려면 열 번, 백 번은 찍어야 한다. 성공을 얻으려면 천 번, 만 번은 찍어야 한다. 과감히 첫 도전을 하려는 마음, 실패를 거울삼아 새롭게 다시 도전하려는 마음을 가진 자만이 성공의 마스터키를 손에 쥘 수 있다.

밀가루 없이는
빵을 만들 수 없다

누구든 맛있는 빵을 만들려고 한다.

부풀려진 맛있는 빵을 먹으며 배를 채우고, 행복을 누리려 한다.

달콤한 맛과 거기에서 오는 포만감, 세상에 부러울 게 없다. 그것이 빵이지만, 그 빵은 누군가의 손에서 만들어져야 한다.

내 손으로 빵을 만들자. 밀가루 반죽에서 오븐에 굽는 과정까지 내 손으로 하자. 주위의 도움을 받지 말자. 내가 만들어 주위에 나누어는 줄지언정 도움을 받아 빵을 굽는 사람은 되지 말자. 그럴 능력 없으면 배고픈 배를 부여잡고라도 밀을 심자. 밀이 자라서 밀가루가 되기까지 과정은 길지만, 한편 돌이켜보면 잠깐이다.

짧은 인고(忍苦)의 세월만 참으면 너의 세상이 오련만, 요즘 사람들은 무지 조급한 것 같다.

'3년 불명불비(三年不鳴不飛)' 하는 마음이 너무 퇴색되어 있는 세

태가 아닌가 싶다.

하지만 나는 빵에 너무 집착하지 않는다. 오히려 차분한 마음으로 묵묵히 오븐을 준비하고, 밀가루를 준비하는 마음으로 하루하루를 보낸다. 맛있는 빵, 서로 나누어 먹을 수 있는 빵을 만들 수 있다는 설렘만이 가득하다.

언젠가 때가 되면 내가 원하는 빵을 구을 수 있다는 희망의 끈만 부여잡고 있다. 맛있는 빵을 만들고 또 먹기 위해서 오늘도 배우며, 묵묵히 일을 한다.

빵을 만들 수 있는 준비 속에서 행복을 찾는 지혜가 필요한 것 같다.

잠자는
나를 깨우는 연습

보다 나은 삶을 영위하기 위해 부단히 목표를 설정하는 사람들. 우리는 우리가 추구하는 목표의 공간에서 숨을 쉬며 살아간다. 하지만 인간의 의지는 철들지 않은 일면이 있는 듯싶다.

시작은 같지만 어떤 사람은 스스로를 깨우며 목표의 방향으로 쉼 없이 다가서지만, 많은 사람들은 언제 그랬냐는 듯 이내 설정해놓은 타깃을 잊어버리고 목표를 상실한 채 허둥대는 사람이 더러 있는 듯하다. 인간은 누구나 시간이 지나면 망각하는 뇌세포의 지배를 받고 있다.

인간은 누구나 환경으로부터 자유스러워지고 편함을 추구하는 경향이 있다. 서면 앉고 싶고, 앉으면 눕고 싶고, 누우면 자고 싶은 게 인간의 속성인 모양이다. 그런 속성 때문에 인간은 자꾸 나태하고 게을러지는 듯싶다.

등교 시간 다 되어 가는데 아직 일어나지 않는 막내아들 깨우듯 자신을 깨워야 한다. 자신의 능력이 흙에 묻히지 않도록 쉼 없이 나를 깨워야 한다. 개인도, 사회도 나를 깨우는 연습을 게을리 하면 도태될 수밖에 없다.

자신감을 가져야 한다. 문제는 나의 부족한 능력이 아니라, 잠자는 나를 깨우지 못하는 게으름 때문에 실패하는 것이다.

정신을 놓으면 아무것도 이룰 수 없다. 정신 바짝 차리고 당당하게 걸어갈 수 있는 자가 성공하게 되어 있다.

사고(思考)의 잠, 게으름의 잠, 목표 상실의 잠은 과감히 털고 일어나라. 원래 '잠'이란 침대위의 잠만으로도 충분할 테니까 말이다.

100배의 꿈

'왜 꿈을 가져야 한다고 강조하는지…….'

젊은이여! 꿈을 가져라. 예전엔 상상조차 할 수 없었던 꿈의 비밀을
나는 알고 있다. 지금의 현실을 통하여 나도 알았을 뿐이고, 내가 경험
한 비밀을 누설하는 것뿐이다. 그것은 바로 내 안에 숨겨있는 나의
'100배의 비밀' 이란 것이다.

요즘 공기업, 대기업 할 것 없이 대졸 초임을 10~30%를 삭감한다는
이야기가 떠들썩한 사회 이슈가 되었다. 나도 벌써 아이들이 대학을
다니고 또래의 아이들 역시 멀지 않아 사회에 진출할 나이가 되어 버
렸다는 게 실감이 나지 않는다. 또한 중소기업을 운영하는 사람의 입
장에서 보더라도 이번 임금삭감 문제는 안타까운 일이 아닐 수 없다.
무한한 꿈을 가지고 사회에 첫 발을 내딛는 대학 졸업자들을 맞이할

따뜻한 일자리와 그들의 노력에 상응하는 희망을 주어야 하는데 그렇지 못한 국가적, 사회적인 어려움이 그들의 어깨를 짓누르니 말이다.

나는 그들에게 '희망의 끈'을 놓지 말라고, 그럴수록 '꿈의 끈'을 놓지 말라고 그들을 위로하고 싶어진다.

거슬러 올라가 내가 대학을 졸업하고 첫 직장에 발을 내딛는 그때의 기억이 새롭다. 벌써 약 20년 전의 이야기다. 대학을 마치고 첫 직장에 입사하여 초임으로 받은 돈이 고작 23만 원이었다. 그때 첫 봉급을 어디에 써야 하나 고민했던 지난날의 모습이 어렴풋한 기억으로 뇌리를 스친다. 그때를 다시 생각하니 그저 새롭기만 하다. 첫 직장 첫 출근……. 나는 그때 이후 직장생활 10년, 사업시작 10년의 세월이 흘렀다.

문득 지인과 이런 저런 경제 이야기를 나누다 지금 사회적으로 이슈로 되어 있는 현재의 대졸 초임과 지금의 내 모습을 비교해 보았다. 사회에 첫 발을 내딛고 받은 대졸 초임과 20년이 지난 지금의 내 봉급 그리고 회사의 주주 배당금을 합하면 무려 그때의 100배가 되어 있다는 사실에 나 스스로도 적지 않게 놀랐다. '20년 후 무려 100배', 이러한 놀라운 사실이 숨겨있었다는 사실을 기억하자고 말하고 싶다.

지금은 세계 경제위기로 누구나 고통스런 나날을 힘겹게 보내고 있다. 경제가 어렵고 취업문은 좁아지고 거기에 임금삭감까지 당해야 하는 대졸자들에게 희망을 주고 싶다는 생각뿐이다.

현실은 어렵고 힘들어도 지금의 젊은이들이 받아들여야 할 세상은 넓고 좋은 날도 많을 것이라는 희망을 주고 싶다. 지금 세상을 탓하기

보다는 이럴 때 일수록 더 자신을 연마해서 10년 후, 아니 20년 후의 자신의 가치를 높이는 일에 열중하라고 말하고 싶다. 앞으로 살다보면 20년 후 10배가 되는 사람이 있고, 100배가 되는 사람이 있다. 어떤 것을 선택하든 다 본인의 몫이다. 훌륭한 리더는 현실보다 미래를 꿈 꾼다. 지금의 어려운 현실이 오히려 10년, 20년 지난 후 보약이 될 수 있기를 바란다. 그것이 젊은이들만이 가질 수 있는 꿈이자 그들만의 특권이기 때문이다.

‘아쉽다’ 생각할 때가
배울 때이다

너무 아쉽다. 대한민국 선수들의 투혼(鬪魂)을 기대했었는데……. 실력 앞에는 투혼도 별다른 힘을 발휘하지 못하나 보다. 아르헨티나와의 일전은 처음부터 힘든 경기가 될 것이라고 예상했다. 감독은 많은 고민을 했겠지만 나는 출전 선수 명단을 보고 찜찜했다. 실력이 안 되면 강한 정신력과 파이팅이 요구되는데 그 점에서 보면 아니다 싶은 생각이 들었기 때문이다. 아니나 다를까 경기는 완패로 끝났다. 결과론이지만 져도 내용이 문제인데……. 참 많이 아쉬운 한판이었다.

살다 보면 이처럼 아쉬울 때 성패가 달려있다고 생각한다. 아쉬움을 곱씹고 반전을 이루는 사람이 있는 반면, 아쉬움을 극복하지 못하고 인생이 망가지는 사람이 있기 때문이다. 이럴 때는 누가 먼저 추스르느냐가 중요하다.

‘한국 선수들! 어제 경기는 잊고 반드시 16강에 올라야 한다는 강한 정신력을 가졌으면’ 한다. 지금은 뭐라 해도 강한 정신력과 투혼만이 그동안 고생을 한 선수들의 아쉬움을 씻어 줄 마지막 희망이기 때문이다. 고개를 들어라. 아쉬울 때가 바로 배울 때이다.

어제도 보았듯 이것이 축구요, 이것이 인생이다. ‘애써 배우고 열심히 일한 사람 앞에 그리고 실력이 있는 사람에게 늘 행운이 따라 온다. 운(運)은 준비한 자를 좋아하기 때문이다.’

남아프리가 공화국의 골프 대가 게리 플레이어(Gary Player)는 말했다.

“연습을 많이 할수록 운도 좋아진다”고…….

축구도, 인생도 실력의 중요성을 다시 한 번 확인하는 하루였다.

안대를 차고
허들을 넘지 마라

남이 사업한다고 준비도 없이 사업하지 마라. 남이 주식투자한다고 덩달아 주식투자하지 마라. 그것은 마치 안대를 차고 허들을 넘는 것이나 다름없는 짓이다. 사업이나 주식은 대학에 들어가는 것처럼 모의고사나 수능도 없다. 회사 들어가듯 면접도 없다. 본인이 하겠다고 하면 언제라도 할 수 있다. 그렇기에 리스크가 그만큼 크다고 할 수 있겠다.

흔히들 'SKY'로 불리는 명문대학 하나를 들어가려고 해도 그 경쟁이 치열한 법인데 '사업을 해서 성공을 한다', '주식을 해서 대박을 터트린다'는 것은 아주 어렵다. 그러나 더러는 아주 손쉽게 생각하는 사람들이 종종 있는 듯하다. 그런 사람이라면 도시락 싸가지고 가서라도 말리고 싶다.

난 그들에게 시작하는 것은 용기요, 자유일진대……. 단지 더 준비를 철저히 한 다음에 조심스럽게 시작하라는 말을 해주고 싶다. 준비

없이 한다는 것, 그것은 마치 안대를 차고 허들을 넘는 것이나 다름이 없기 때문이다.

사업은 이룰 경우 부와 명예 그리고 성취(成就)를 안겨 준다. 주식은 잘하면 엄청난 부(富)를 가져다준다. 하지만 이들은 결과로 주는 것이 풍성한 만큼, 혹독한 대가를 요구하는 속성이 있다. 혹독한 대가를 치루지 아니하려거든 시작 전에 준비와 연습이 필요하다.

몽당연필 :
꿈은 반드시 이루어진다

몽당연필(夢當緣必) : 꿈은 반드시 이루어진다.

〈한국경제신문〉을 보다보니 눈에 번뜩이는 기사가 있다. '몽당연필(夢當緣必)' 이라는 주제로 법흥사에서 템플스테이를 갖는다는 내용이었다. '꿈은 반드시 이루어진다' 는 주제도 좋지만 요즘 경제위기로 정신적, 물질적인 고통이 심한 분들에게 긍정적인 사고로 자신을 변화시켜 많은 분들이 고통을 훌훌 털고 꿈과 희망 그리고 자신감을 되찾았으면 한다는 내용이 너무 좋았다.

'꿈은 반드시 이루어진다.' 백 번을, 천 번을 강조해도 무리가 없을 메시지……. 어찌 보면 꿈을 갖지 못하고 좌절과 경제적 고통을 겪고 있는 분들을 위해 내가 하고 싶은 일들을 신문사와 사찰에서 대신 해준다는 생각에 고맙게 느껴졌다.

나는 기억한다. 그리고 그 자신감은 아직도 유효하다. 지난 과거에 내가 겪은 어려움은 나에게 새로운 도전을 할 수 있는 계기를 마련해 주었고, 그럴 때마다 나는 '반드시 잘 될 거야' 라며 희망의 끈을 놓지 않았다. 날마다 희망의 아침을 맞았고 어려움이 더 할 때마다 자신감은 배가 되어갔다. '세상에 있을 고통을 그래도 견뎌낼 힘이 있는 나에게 주었나 보다' 하는 넉넉한 마음도 생겼다. 나에게 주어지는 하루를 감사히 받아들였다.

그렇게 하루하루가 갔다. 소시민으로 평범하게 인생을 걸고자 했던 나에게 새롭게 용트림 할 수 있는 계기를 주었다. 그 어려움을 통하여 새롭게 받은 선물이 바로 '꿈' 이다. 아마도 나에게 주어진 아픔 그리고 어려움이 없었다면 지금 또 다른 꿈을 향해 가고 있는 행복한 발걸음, 신바람 나는 새로운 도전은 없을 듯하다. 아직도 나에게 새로운 '용트림의 꿈' 을 선사한 IMF에 대해서도 외려 고마워하는 이유도 그 때문인 듯싶다.

그렇듯 자신의 어려움을 남의 탓으로 돌리고 그들을 원망하고, 자신의 처지를 비관해 살아갈 희망과 꿈마저 포기하지 않기를 바라는 마음이 간절하다. 어려움을 통하여 인생의 새로운 목표와 꿈이 설정된다면 오히려 그 어려움에 감사해야 하지 않을까 하는 생각이 아직도 간절하다.

무엇이 되고 싶은
당신에게……

당신은 무엇이 되고 싶습니까? 그러면 그 일에 미치십시오. 당신은 무엇을 갈망합니까? 그러면 갈망하는 그 일에 미치십시오. 무엇이 되고 싶은 당신의 꿈 그리고 갈망하는 일에 대한 결과는 당신이 얼마나 그 일에 미쳐있는지를 보면 바로 답을 알 수 있습니다.

나는 고백합니다. '나는 나의 꿈에 대한 믿음이 적었기에 이룸이 크지 않았다'고……. 지금이라도 자성할 수 있으니 이 또한 얼마나 행복합니까? 아마도 나뿐만 아니라 많은 사람들이 자신의 꿈에 대해서 과소평가하는 나쁜 버릇을 가지고 있을 겁니다. 아니 많은 사람들이 그러하십니다. 자성해야 합니다. 이유는 자신의 꿈에 대해서 과소평가하는 것, 그것은 겸손이 아니라 죄악이기 때문입니다.

자신의 꿈에 대해서 늘 생생하게 상상하고 그 꿈을 간절히 바라면 반드시 이루어집니다. 우리는 그것을 진심으로 믿고 열의를 다해 행동

해야 합니다. 그러면 그 꿈은 반드시 이루어집니다. 나는 아직도 믿습니다. 내가 어떤 일에 미치는 한 내가 원하는, 내가 갈망하는 그 꿈이 반드시 실현되리라는 확실한 믿음이 있다는 사실입니다. 제발! 당신의 꿈에, 용기와 자신감 그리고 확신을 가지십시오.

성공하는 리더의 5가지 습관
— '명사와의 만남'

2010년 9월 14일 평택대학교에서 '명사와의 만남' 특강을 가졌다. 대강당을 꽉 메운 학생들 앞에서 '성공하는 리더의 5가지 습관' 이라는 주제로 중소기업 CEO로서 행복하게 살아 온 인생역정을 하나하나씩 들려주는 의미 있는 시간을 가졌다. 아직은 '명사' 라는 표현이 다소 어색하고, 사회적인 인지도가 약한 강사임에도 진지하게 듣고, 자신의 느낌을 꼼꼼히 메모하는 학생들과 함께한 90분 동안의 열띤 강의를 지금도 잊을 수가 없다.

[성공하는 리더의 5가지 습관]

1. 아빠의 고백 — 자식 사랑에 감춰야 했던 아픈 추억, 자식 몰래 숨기는 아빠의 눈물 그리고 사랑을 이야기하고 좋은 아버지로 돌아가야겠다는 말로 끝을 맺었다.

2. 아름다운 도전 ― 청년 대학생들의 아름다운 도전은 계속되어야
   한다. 시도하는 자에게만 깨달음을 준다. 세상에서 가장 좋은 리
   더십이 배려다. 배려는 상대방을 편하게 해주는 것이다.

3. 작은 것이 아름답다 ― 작은 행복을 씹어야 큰 행복 다가온다. 마
   음의 밭 상태에 따라 인생이 결정지어진다.

4. 성공은 바보다 ― 성공의 라이선스를 취득하라. 성공에도 자격증
   시대가 열렸다.

5. 성공하는 리더의 5가지 습관 ― 매일 미래의 꿈을 꾸는 사람, 매
   일 배움을 위해 노력하는 사람, 한날한시도 일과 일터를 사랑하
   는 마음을 놓지 않는 사람, 날마다 보고 느낀 것을 행동으로 옮기
   는 사람, 내가 살면서 만나는 좋은 분들께 예의를 다하는 사람이
   되자.

결국 '성공은 꿈, 배움, 일, 행동, 인연이라는 5가지 습관으로 만든
사다리'를 누가 먼저 세우느냐의 게임인 것이라고 말하며 특강을 마쳤
다. 내게 있어 너무나 행복하고 소중한 시간이었던 것 같다.

급한 불로
진국을 우려낼 수 없다

오랫동안 푹 고아서 걸쭉하게 된 국물을 일컬어 우리는 흔히 진국이란 말을 쓴다.

또한 사람이 거짓이 없고 참된 사람을 진국이라 표현한다. 하여튼 먹는 데 진국이면 좋고, 사람 만나는데 진국이면 더할 나위 없이 좋다.

우선 맛있는 국물, 진국을 먹으려면 은은한 불로 오래 끓여야 진국을 만들 수 있다. 진국을 먹고 싶다고 급한 불로 진국을 우려낼 수 없다.

음식도 참는 정성이 오래도록 들여져야 제 맛을 낸다. 하물며 인생의 진국이 되기 위해서는 더 많이 참고, 인내하며 정성들이는 시간이 필요하다.

어설픈 땔감으로 대충 불 지펴서 맛있는 음식을 만들려는 마음은 도둑심보다.

그렇듯 인생도 어설픈 재주로 단시간 내에 무언가 뜻한 바를 이뤄내려고 하는 것은 사기다. 너무 표현이 심한 말인지 모르겠다.

　속담에 '십 년 적공이면 한 가지 성공을 한다' 는 말이 있듯이 무슨 일이든지 오랫동안 꾸준히 노력하는 마음이 뒷받침되지 않으면 내가 원하는 성공은 그저 하늘에 떠있는 뜬구름과 같다. 적어도 뜻한 바를 이루려면 적어도 10년의 내공은 필수요, 몇 번의 실패는 선택이란 사실을 잊어서는 안 되겠다.

인생이란 음식에는 선(善)만 담아선 아니 된다

인천에서 산다는 것이 행복하다. 인천에 살면서 많은 행복감이 있지만 그 중 하나는 바다를 볼 수 있고, 저녁이면 석양노을을 바라보며 하루를 기쁘게 보낼 수 있는 환경에서 살고 있다는 것이다. 기쁘게 보낸 하루는 다음날 아침 더 나은 기쁜 하루로 변하여 부스스 내 앞에 눈을 뜬다. 날마다 그렇게 주어지는 하루……. 내게는 선물과도 같다.

군산에서 태어나 일찍이 바다를 보며 자랐고, 성년이 되어서는 인천에서 살았기에 남보다 더 많이 드넓은 바다를 보는 행운을 누리며 살아왔다.

어려서는 파도가 무서웠다. 어머님 손에 이끌려 방파제에 나가 바다를 보고 있노라면 삼킬 듯 달려드는 파도가 너무 무섭게 느껴졌다. 그러나 지금은 '파도가 있어야 바닷물이 정화된다'는 사실을 아는 나이가 되어 버렸으니 세월 참 빠르다는 느낌을 지울 수가 없다. 바다를 볼 때마다 '바다는 변하지 않았는데 내 모습은 많이 변했구나' 함을 느낀다.

나는 바다를 볼 때마다 고마운 생각이 든다. 저 바다가 좋은 것만 받아들이는 이기심이 있었으면 이 지구가 어찌 되었을까 하는 생각을 하면 자못 끔찍하다. 흙탕물, 오염된 물이 흘러도 말없이 받아들여 쉼 없이 정화를 하는 모습을 본다. 자신을 뒤돌아본다. 반성을 한다. 좋은 것만 먹고, 좋은 것만 받아들이고, 좋은 사람만 만나고……. 오직 좋은 것만 추구하는 이기적인 마음을 버리고 살아야겠다는 생각을 해본다. 어릴 적 바다는 꿈을 주었지만 지금의 바다는 나에게 할 일을 안겨주는 듯하다.

고마운 바다 이제부터 바다를 닮아가는 연습을 게을리 하지 말아야지…….

요즈음 '독선기신(獨善其身)' 이라고 혼자만 잘나고 혼자만 똑똑한 듯 설치는 사람이 많은 세상이다. 더불어 살아가는 아름다운 세상, 온정이 살아있는 따뜻한 세상을 꿈꿔본다. 아무리 바빠도 한번쯤 바다를 보며 '인생이란 음식에는 선(善)만 담아선 아니 된다' 는 생각을 했으면…….

태산보다 높은 산이
네 마음의 산이다

'태산이 높다 한들 하늘아래 뫼이로다.' 우리가 목표한 길을 걷다보면 우리의 길을 막아서는 산이 있다. 신은 인간에게 평탄한 삶을 선물하지 않았다. 길을 걷다 산이 있으면 산을 둘러가든지 아니면 산등성이를 타고 올라 가로막힌 산을 타고 넘을 수밖에 없다.

이것이 인생이다. 목표한 길을 가는 데에는 이처럼 많은 장애물들이 도처에 많이 도사리고 있다. 그러나 가던 길을 포기할 수 없다. 마치 허들 경기하듯이 장애물을 뛰고 또 뛰어 넘으며 목표한 길을 가야 한다.

역경이 있어 인생이 아름답고, 고난이 있어 인생은 살맛이 나는 법이다.

고난의 강을 건너보지 못한 자가 어찌 성취의 달콤함을 알겠는가!

살면서 내 앞에 역경과 고난이 닥치거든 이는 신이 준 선물로 여겨라.

세상살이 어떠한 역경이나 고난보다 더 무서운 적이 있다. 그것은 바로 내 마음의 산이다. 아무리 높은 산이 내 앞을 가로막아도 내 마음에 희망만 있다면 그것은 전혀 문제가 되지 않는다. 단지 두려워할 것은 내 마음에 있는 '절망의 산'이다. 절망의 산이 내 앞을 가로막으면 나는 더 이상 전진하지 못하고 가던 길을 포기하고 만다.

얼마 전 개그콘서트에 나오는 '워~워~워……'란 프로그램이 생각난다.

"내 마음 어두 워~~~. 내 마음 외로 워~~~. My name is J. M.~~~. 내 이름은 절망~~~. 워~워~워……."

내 마음에 부정적인 생각을 걷어내지 못할 바엔 차라리 쉬는 게 낫다.

이 세상은 희망을 가진 자들의 경주장이기 때문이다.

여기가
'세계 제일' 이다

8월의 어느 날 지인들과 골프를 한 뒤 식사를 하기 위해 식당을 찾았다.

일행의 추천으로 양평동에 있는 보양탕 원조식당을 찾아 고기를 주문하였다. 정갈한 묵은 김치 3종에 썰지도 않은 대파, 마늘종 그리고 양파, 깔아놓은 밑반찬만 보아도 허기진 배가 좋아서 춤을 춘다.

잠시 후 통째로 들어오는 수육, 아주머니는 능숙한 솜씨로 손으로 먹기 좋게 찢어준다. 한 명, 한 명에게 묵은 김치쌈을 손으로 돌돌 말아 입에 넣어 준다. 부들부들한 육질에 3년 묵은 김치쌈이 입으로 들어오는 순간, 먼 길을 달려온 피곤함은 온데간데없고 잊을 수 없는 맛의 감동이다.

서로 누가 먼저라 할 것 없이 "정말 최고다!" 감탄사 연발이다.

정성스럽게 그리고 다정다감하게 맛있게 먹는 방법까지 알려주시는

아주머니. 주인인지 종업원인지 모르겠다. 잠시 후 아주머니 왈 "여기가 아마 우리나라에서 제일 맛있는 집, 아니 세계에서 제일 맛있는 집이다"라고 자신 있게 말한다. 순간 나는 멍하니 들고 있던 소주잔을 가만히 내려놓았다.

맛도 맛이지만 식당에서 바쁜 손놀림을 하는 사람 모두가 생기 있게 웃는 얼굴에 자신감이 있는 모습이다. 그만큼 '최고'라는 자부심이 배어있는 듯했다. 그런 모습 오랜만에 본 것 같아 너무 기분이 좋았다.

최고를 위해 자신감 있게 식단을 준비하고, 자신 있게 최고라고 말할 수 있는 당당함. '사업을 하는 나도 저런 말을 할 수 있을까?' 부끄러운 생각이 들었다.

좀 더 노력하자. 저분처럼 당당하게 말할 수 있는 아이템을 가져보자.

맛있게 먹고 집으로 향하는 내 머릿속에는 오늘 아주머니의 말대로

‘내가 진정한 사업가라면 세계 제일이라 말할 수 있는 그 무엇을 하나
는 만들어야 하지 않은가!’ 하는 생각으로 가득 찼다.

오늘은 지인들과 행복한 라운딩 그리고 정겨운 뒤풀이가 너무 좋았
다. 그 행복감도 과분한데 거기에 새로운 숙제(세계 제일)까지 보너스
선물로 받았으니 얼마나 행복하고 기쁜 날인가!
날마다 하루 일과가 오늘만 같았으면 싶다.

"성공 인생,
폼 나고 멋지게 살자"

출세하지 마라

"출세하지 마라. 할 일이 많고 피곤한 법이다."

누구든 성공하려 한다.

출세하려 한다.

하지만 출세의 이면엔 할 일이 많고 피곤함이 많은 법이다.

게으르고 나약한 놈은 출세하려 하지 마라.

너의 게으름이 빛이 나지 않을 것이기 때문이다.

너의 나약함이 땅에 묻힐 위험이 있기 때문이다.

그렇지 않다면 과감히 '출세의 액셀러레이터'를 힘차게 밟아라.

출세는 간혹 너의 자유와 즐거움, 나아가 건강도 빼앗아갈 수 있다.

출세는 너의 자유를 구속하며 즐거움을 빼앗아 가고, 너의 건강을 도둑질해 갈 수 있다는 착각을 하게 할 때가 있다. 하지만 이것은 기우일 뿐, 출세는 네가 우려하는 자유, 즐거움에 성취감, 자신감을 보너스로 얹혀서 너에게 되돌려 주는 법이다.

자신감 있는 놈은 언제 보아도 멋있다. 언제보아도 폼 난다.

언뜻 보면 출세란 놈은, 출세의 길은 멀고도 험한 것 같으나, 분명 너의 곁에 있다는 사실이다. 또한 출세는 네가 우려하는 자유, 즐거움에 가속을 붙여주는 액셀러레이터 역할을 한다.

신나게 도전하라.

그 도전 속에 네 인생이 빛나고 주변도 너로 인하여 밝아질 것이다.

내 성공의 어시스터는
무엇이었을까?

assister······.

'성공'은 아침에 눈을 뜨면 떠오르는 해처럼 그저 때가 되면 찾아오는 손님이 아니다. 또한 성공은 애써 노력한다 해도 노력한 사람 모두에게 성공의 면류관을 씌워주지 않는 법이다. 그것이 바로 성공의 특성이다.

인간이 노력한다는 것은 단지 성공의 확률을 높이는 것뿐이지 열심히 노력한다고 반드시 성공한다는 보장은 없는 것이다. 단지 열심히 노력한다는 것은 성공의 가능성을 확보하기 위한 수단에 불과한 것이다.

나는 예나 지금이나 결과에 대해서는 연연하지 않았던 것 같다. 그저 배우는 것이 좋고, 일하는 게 좋아서 열심히 했을 뿐 결과에 대해서는 크게 생각하지 않았던 게 주효했던 것 같다. '나는 할 수 있다'는 자신감 속에서 연애하듯 일을 즐기는 습관, 거기에 멀리보고 작은 일에 최선을 다하려는 마음만 있었을 뿐이었다.

그렇다면 내 성공의 어시스터는 무엇이었을까?

그것은 첫째, 일을 사랑하는 마음이다.

일에 대한 애정과 열정만큼은 지고 싶지 않았다. 일을 주는 고객을 편하게 해주려는 마음은 한시도 놓아본 적이 없다. 적어도 나를 믿고 일을 준 업체담당자들을 실망시키는 일은 하기 싫었다. 그것이 고마움에 대한 최소한의 예의요, 배려라고 생각했다. 일이 있어 땀 흘리고, 일이 있어 신명나는 하루하루는 돈을 주고도 살 수 없는 이 세상에 가장 큰 나의 행복이었다.

둘째, 하루도 일을 놓지 않았다.

거짓말 같지만 해외여행, 지방출장 등 어쩔 수 없는 여건 아니면 100% 출근부에 도장을 찍었다. 10분이건, 한 시간이건 중요하지 않았다. 일의 끈을 놓지 않는다는 의지가 중요했기 때문이다. 그 점은 오늘에 있어 나의 든든한 백이 되어 나를 지켜주는 수호신이 되었다.

셋째, 기본과 원칙을 소중히 하는 마음이었다.

백 번을 강조해도 부족한 게 바로 기본과 원칙이라고 생각한다. 일을 하든, 사랑을 하든, 배움이든 모두에게 공통으로 요구하는 사양이 있다. 기본과 원칙을 준수하라는 것이다. 어떤 일을 하든지 기본과 원칙에 충실하려 애썼다. 눈에 보이는 사사로운 이익보다는 원칙에서 어긋난 일은 시작도 하지 않았다. 냄새나는 일은 아무리 이익이 있다 해도 쳐다보지 않았다.

그렇듯 묵묵히 걸어온 세월……. 만 10년 그 인고(忍苦)의 세월은 나에게 성공의 면류관을 씌워주었다. 10년의 세월을 묵묵히 일해 온 나에게 '고생했다'고 말하고 싶다. 남이 이룬 업적에는 조족지혈이겠지만 어느 성공과도 바꾸고 싶지 않은 내 인생, 그 자랑스러운 내 인생을 껴안고 뜨거운 키스를 퍼부어 주고 싶다.

내 인생의
좌회전

길을 걷다 보면 평탄한 고속도로가 있는 반면, 험한 비포장도로도 있고, 그보다 더 위험하고, 좁고 힘든 길이 있다.

살다보면 누구나 잘나갈 때도 있지만, 때론 어렵고 힘든 길을 가야 할 때도 있다. 내가 고집 부린다고 평탄한 길만 걷게 해달라고 하는 것은 억지다. 누구든 힘든 길을 택하여 어렵게 울면서 걷고자 하는 사람은 없을 테니까 말이다.

인생살이가 그리 호락호락하다면 인생의 행복지수도 그만큼 값어치가 없어진다. 날씨 좋은 날 우산을 말려 놓아야 한다. 비가 오면 급해지지 않기 위해서 말이다. 돈 벌이도 마찬가지다. 잘 벌릴 때 부지런히 재테크로 돈을 불려 놓아야 한다. 이는 인생살이 리스크를 사전에 예방하기 위해 필요한 것이다.

나는 바보다. 한번쯤 잊을 법도 한데 회사를 잊지 못한다. 이것도 병이다. 내가 인천에 있는 한 단 한 번도 회사에 가지 않은 적이 없는 듯하다. 해외나 지방출장 빼고는 회사에 안 가본 적이 없다. 새벽녘이든, 밤중에 일보고 들어오든 여지없이 회사를 들렀다 왔다. 그래야 집에 편히 돌아갈 수 있었다.

회사는 남동공단, 집은 연수동이기에 여건상 가능할 수도 있겠지만, 왠지 회사를 갔다 오지 않으면 무언가 허전한 듯 마음이 평온하지 못하다. 편히 잠을 이룰 수가 없다. 특이체질인 모양이다.

회사는 경쟁력으로 먹고 산다. 경쟁력이 없으면 도태되는 법이다.

우리 회사의 경쟁력은 무엇일까? 한 가지 분명한 것은 회사에 대한 애착, 애정만큼은 세상 어느 CEO에게 뒤지고 싶지가 않다. 비록 작은 중소기업이지만 탄탄하게 가꾸고 싶은 열정이 나를 그렇게 습관들인 모양이다.

우리 회사는 직원들의 도움으로 매년 10% 이상의 순이익을 실현했고, 그보다 더 자랑스러운 것은 임직원 급여를 매년 10% 이상씩 인상하였다는 사실이다. 이 두 가지는 앞으로도 내 사명처럼 반드시 해낼 것이다.

요즘처럼 불확실한 경제여건을 뒤돌아본다면 사장인 내가 정신 차려야 한다는 사실이다. 주변 환경이 골목길이건, 가시밭길이건 그 길에서 회사를 이끌어 나아가야 할 사장이다. 대우받을 때는 사장이고, 회사 돈 잘 벌 때는 폼만 재다가 어렵고 힘들면 직원들 허리띠 졸라매라고 강요하는 그런 사장이 되기 싫어서 평상시 '바보사장'이 되기로 했다.

회사 하나 바로 서면 여럿이 행복하다. 나와 가족은 물론이려니와 직원과 직원 가족까지 행복하니 어찌 한눈 팔 수 있으랴! 회사는 무엇인가 하나 이상의 에너지가 있어야 추진력이 생기는 법이다.

나는 그 추진력이 나의 열정(Passion)이라 생각한다. 그 열정의 그릇에 회사에 대한 애정의 발걸음을 담을 때 무게중심 추가 바로 설 수 있다는 사실이다. 뒷심이 있는 회사는 아무려면 어떠랴. 연약한 중소기업은 사장의 열정과 애정이 없으면 영속 성장의 비결은 없는 듯하다. 일요일, 공휴일 아니 외근 후에도 내가 집에 들어가기에 앞서 좌회전을 하는 이유가 바로 이 때문이다. 바보처럼 이제껏 단 하루도 인천에 있으면서 회사에 들리지 않은 날이 없는 이유가 바로 그것이다.

'영속 성장', 그것만이 나와 내 회사를 위해 헌신하는 직원들을 위한 나의 기본 예의라 생각한다.

성취(成取)하는 사람

취할 취(取). '무엇에 취한다' 는 것.

술은 취하면 흥겨움은 있지만, 추함도 있더라.

사랑에 취하면 아름다움이 있지만, 이별의 아픔도 있더라.

성공에 취하면 시작은 힘들어도, 끝에는 성취의 기쁨만 있더라.

성취하는 사람은 상황에 잘 적응하고 성공 지향적인 생각만 하더라.

성취하는 사람들의 얼굴에는 자신감이 있고 매력이 있더라. 이들은
야망이 있고 유능하며, 에너지(Energy)가 넘치더라.

성취하는 사람들은 무슨 일이건 최상의 상태에서 자신을 잘 받아들
이고, 반듯하며 다른 사람들을 고무시키는 역할 모델까지 하더라. 이
들은 실패를 두려워하지 않고 오히려 그 실패를 찬스로 여기더라. 때
로는 넘치는 자신감에 일의 중독에 빠져들거나 지나친 경쟁의식으로

조직의 건강을 해칠 때가 있다.

일 중심의 사고(思考)로 인간미가 없는 것으로 착각을 불러일으킬 때가 있더라.

가족의 행복을 집 안에 가둬놓고 가족과의 시간을 아까워하더라.

성취를 위해 하루하루를 부단히 노력하는 나, 성취를 향해 달려가는 나도 때로는 성취 뒤에 뒤따라오는 그림자를 한 번씩 볼 때가 있다. 일 중독(?), 인간미, 가족 행복…….

늘 부족할 때가 많다. 하지만 젊은 시절의 나는 가진 게 없었다. 네 게는 아무것도 가진 게 없었다. 2대, 3대 가난을 내 아이들에게 물려줄 수 없고, 더욱이 나를 선택한 사랑하는 아내만은 정말이지 이 세상에 누구보다도 행복하게 해주고 싶었다. 그때는 아버님이 일찍 작고하시 는 바람에 어머니, 형, 누나, 동생 모두 어렵게 살 때였다. 나는 가족의 울타리가 되어주고 싶었다. 지긋지긋한 가난도 떨어버리고 싶었다. 성 취가 필요했다. 열심히 나의 길을 갔다. 20여 년 숨 가쁘게 살다 뒤를 돌아보니 가족도, 내 가정도 마냥 행복하다. 그래서 나는 아직도 아무 것도 없었던 지난 시절의 나의 환경을 사랑한다. 그때 어려웠던 가족 들, 지금은 모두가 잘산다. '성취의 보너스' 인 모양이다. 마음도 기쁘 고 행복하기 짝이 없다. 웃음도 많아졌다. 성취의 기쁨이 생각마저 여 유와 자신감 있는 세포로 변화시킨 모양이다.

그동안 살아온 인생의 뒤안길을 생각해 본다. 사회 나와서 지금까지 가진 것 없고 오직 하나 내 등에 꿈만 멘 채 외롭게 질주했던 것 같다. 결승점을 향해 앞만 보고 달리는 마라토너처럼 한가롭게 주위를 둘러

볼 여유가 없었다. 부지런히 뛴 다음 뒤를 돌아봐도 늦지 않을 듯싶었던 나의 마음이 지금은 고맙기만 하다.

이젠 주위를 둘러볼 여유도 생겼다. 짧은 인생 즐기면서 행복하게 살 수 있는 여력도 생겼다. 내가 살아온 나의 인생이 그저 감사하게 느껴질 뿐이다.

오늘은 아침부터 봄비가 추적추적 내린다.

오늘만큼은 빨리 집에 들어가 그동안 같이하지 못했던 아내 그리고 두 아이에게 맛있는 삼겹살을 구워주어야겠다.

출근카드 찍는 사장

일요일 아침이다.

어제는 'The Open' 최경주 선수 선전하는 모습을 보느라 밤을 꼬박 새웠다. 늦잠에서 일어나 버릇처럼 핸드폰을 확인한다. 부재중 전화 6통이 들어와 있다. 모두 D社의 호출 전화다. 조업 자재를 공급하는 관계로 시도 때도 없다. 하지만 호출하는 데 불만은 없다. 얼마나 고마운 전화인가! 그 전화로 하여금 회사가 바쁘게 돌아가니 말이다.

장맛비가 내린다. 일요일이라 쉬고 있는 직원들에게 전화하기란 쉬운 일은 아니다. 하지만 전화하면 늘 기꺼이 응해주는 직원들이 고맙기만 하다. 몇몇 직원들에게 전화한 후 나 역시 회사로 향했다.

인천에 있는 이상 단 하루라도 회사에 나가지 않은 날이 없는 나로서는 그 일이 없어도 회사에 갈 시간이다.

휴일인데도 직원 4명이 나와 있다.

출근카드를 찍었다. "찌~이~익!" 아마노(AMANO) 출퇴근 카드기록기에서 흘러나오는 소리는 언제 들어도 나를 깨우는 마력이 있는 듯하다. 그 소리와 함께 시작하는 회사업무는 나를 행복하게 한다. 20여년 그 소리를 들으며 살아왔건만 사장이 된 이후에도 전혀 지겨움이 없다.

나는 회사에 출근하여 카드 찍을 때가 가장 행복하다. 눈 뜨면 일터로 나와 일하는 즐거움 속에 내 인생이 행복해졌음을 느끼기 때문인 듯하다.

아직도 출근카드 찍는 사장은 회사를 위해, 직원들을 위해 할 일이 많은 듯하다. 애써 일하는 직원들이 고맙고, 사장은 언제나 그들의 행복을 위해 최선을 다해야 한다. 내가 출근카드 찍는 이유도, 내가 열심히 일하는 이유도 모두 나와 직원들의 꿈과 소망을 실현하기 위함이다. 그 소박한 꿈이 이루어지는 그날까지 나의 출근카드는 계속 찍힐 것이다.

"찌~이~익!" 소리와 함께 일을 시작하는 일상, 그 일속에서 꿈과 행복을 만들어 가는 조각가가 되어 내 인생 행복에 걸려 비틀거릴 때까지 다듬고 또 가다듬고 싶다. 일이 있어 행복하고, 꿈이 있어 행복한 세상. 너무 과분한 행복이 내 곁에 있음을 느껴본다.

열심히 일하며 굵은 땀방울을 훔치는 직원들의 모습이 떠오른다. 그들을 위해서라도 '더 열심히 일해야지……' 하고 되뇌는 이 시간, 창밖의 비는 더욱 세차게 내린다.

폼 나게 즐겨라

폼 나게 즐겨라.

일의 끝은 즐기는 것이다.

즐김의 끝은 일이다.

일과 즐기는 것은 서로를 물고 살아간다.

같은 일을 해도 생각의 차이가 일의 성과를 좌우한다.

'열심히 일하라. 그러면 반드시 성공한다. 열심히 공부하라. 그래야 성공한다' 라는 말을 입이 닳도록 듣는다. 참 짜증나는 이야기다. 참으로 웃기는 이야기다. 일밖에 모르는 일벌레, 인생을 즐길 줄 모르는 '범생' 만 수없이 양산하는 사회가 되어버렸다. 열심히 일만하는 일벌레, 그 결과 오늘날 획일적인 사고를 가진 수많은 관리자를 양산했다.

성적 지상주의, 열심히 공부에 매달린 공부벌레, 그 교육을 하청 받은 '범생'들이 오늘날 대한민국에서 득세를 하고 있다. 그러나 득세했다고 이 시대의 '진정한 리더인가!' 하는 부분에 대해서는 의문이 간다. 일 열심히 하고, 공부 잘하는 것을 탓하거나 폄하하려는 것이 아니라, 즐기기 위해 오늘 그리고 내일도 땀을 흘리라는 이야기를 하고픈 것이다.

남녀노소를 막론하고 즐기는 법을 가르치고 또한 배우는 사회가 되었으면 좋겠다. 즐기는 방법을 잊고 사는 사회가 되어버린 느낌이다. 여유도 없고 인생의 즐거움을 모르고 살아가는 것은 서로 맞물려 돌아가는 기계나 할 일이지, 사람이 할 일은 아닌 듯싶다. 즐기기 위해 오늘 그리고 내일도 땀을 흘리는 아름다운 세상이 되었으면 하는 나의 바람을 이야기하고픈 것이다.

인생은 폼 나게, 유니크하게 즐기는 자가 똑똑한 놈이다. 폼 나게 즐길 줄 아는 사람이 리더가 되고, 성공하는 것을 많이 볼 수 있다. 그래서 먼저 인생을 폼 나게 즐기라고 고언(苦言)을 하는 것이다. 폼 나게 즐기기 위해 열심히 공부를 하고, 폼 나게 즐기기 위해 열정적으로 일을 해야 한다는 사고의 전환, 즉 혁신이 필요한 때인 것 같다.

신나게 즐겨라.
'그것은 자식 된 도리로서, 부모 입장에도 그것이 곧 효도'라는 생각을 지울 수가 없다.

'을(乙)'의 축복

인간은 누구나 화려한 '갑(甲)'의 삶을 꿈꾼다.

하지만 우리 주변에 비즈니스를 하는 사람들을 보면 대부분은 '을(乙)'이다.

내게 갑인 사람도 누군가에게는 을이 될 수 있는 세상에서 가능한 을의 마음으로 살아갈 수만 있다면 그것은 축복일 게다.

지금까지 나는 내 자신이 을로서 살면서 깨달은 노하우와 발로 뛰면서 일궈낸 수많은 을의 축복 사례를 때가 되면 후학들에게 전해주고 싶다.

《을의 생존법》이란 책을 보면 이런 말이 나온다.

을로서 세상을 살아가기 위해 "홍어처럼 삭고, 몽돌처럼 굴러라"라고 말한다.

세상의 기호에 맞춰 자신을 부합시키기 위해 노력해야 한다는 것이다. 사고가 깨인 을들은, 자신을 낮추고 자존심을 버리는 일은 굴욕이 아니라 전략이라고 강조한다.

옳은 이야기다. 하지만 많은 부분 공감하면서도 나는 일하는 데, 성공하는 데, 꿈을 이루는 데 무엇이 갑과 을인지 되묻고 싶다.

"단지 비즈니스의 행위 자체만 갑과 을로 나뉘는 것이지 그 이상의 조건이 있느냐고……."

비즈니스엔 갑과 을이 없다. 업무만 하청이요, 협력업체지 그 이상도, 이하도 아닌 것이다.

오히려 을로서 대우받고 그만한 돈을 벌 수 있으니 얼마나 좋은가! 대우받고 돈도 벌고, 결국은 꿈을 성취하고, 이 모든 게 축복이 아니고 무엇이겠는가!

그런 축복받는 을의 삶이 내 안에 자리 잡고 꽃을 피우고 있다.

나는 후배들에게 을의 삶을 견지하라고 권하고 싶다. 을은 갑에게 제품 또는 가치 서비스를 할 수 있는 권리(?)가 있어서 좋다.

을은 갑으로부터 받은 목적물 외에 줄 수 있는 정(情)이 있어서 좋다. 그들로 하여금 감사함을 배우고, 배려를 배우게 된다.

제품에 마음을 담아 갑의 요구를 충족시키다보면 어느덧 꿈이 가까이 와 닿는다. 그래서 갑(甲), 그들이 늘 고마운 마음으로 내 마음의 한 부분을 차지하고 있다.

오늘 하루도 희망의 발걸음으로 하루를 시작하게 되는 것도, 하루 일과를 마치고 보람으로 소주 한잔 걸치는 것도 다 그들 덕분이다.

내가 열심히 살아온 것도, 내 꿈을 이루며 살아온 것도 갑이 있었기에 가능했고, 그들이 나를 찾아주는 마음에 힘들지 않게 살아왔다고 자부한다. 그것 자체가 축복이란 걸 뒤늦게 알게 되었다.

나의 경험에서 배어 나온 나의 삶, '을(乙)의 삶'은 곧 '축복'이었다. 폼 잡지 않고, 거들먹거리지 않고 살아온 내 인생이 자랑스럽게 여겨진다.

대나무의 교훈

나 어릴 적 앞마당엔 온통 대나무 밭이었다. 대나무는 우리들의 놀이터이자 꿈과 희망을 안겨준 고마움으로 남아 있다. 그 대나무밭 앞에서 자란 어린 시절이 행복했다는 생각을 지울 수가 없다. 죽순을 뽑아먹고 대나무를 잘라 칼도 만들고, 스키도 만들고……. 어릴 적 개구쟁이 소품으로 대나무 이상 좋은 게 없었다.

지금껏 살아오면서 내 인생 구석구석에 어려움도 있었지만, 그때마다 강직하게, 꼿꼿하게 살도록 마음의 힘을 불어넣어 준 것도 아마 대나무와 함께한 어린 시절이 있었기 때문인 듯싶다.

오늘은 출근하면서부터 '인생은 끊어가야, 다지고 가야 탈이 없다'는 생각이 났다. 성장하면서 하나의 마디를 끊어가야지 그렇지 못하면 성장통을 앓게 된다. 한 단계, 한 단계 오르면서 삶의 목표를 재설정하고, 가는 길을 재점검해 볼 필요가 있다. 무작정 오르다 보면 통째로 약해져 외풍(外風)을 견디기 어렵기 때문이다. 사랑도, 인생도 길게 보고 가야 할 인생길이기에 더더욱 그렇다.

그러나 요즈음 세상 돌아가는 걸 보면 다들 너무 급하다는 생각을 지울 수가 없다. 너무 성급하게 욕심 부리다 보면 리스크가 따르는 법이다. 화(禍)가 따르는 법이다. 마치 봄을 기다리지 못하고 일찍 꽃망울을 터뜨려 꽃샘추위에 말라죽는 우(憂)를 범하는 꽃망울이 되어서는 안 된다. 피어보지도 못하고 죽는다는 것은 백 번을 이야기해도 서글픈 일이기 때문이다.

강하게 부딪히려면 마디를 다져야 한다. 마디마디에 피와 땀이 스며들어야 강해지는 법이다.

개인도, 기업도 너무 급하게 성과를 중시하다 보면 또 다른 시행착오를 겪게 되어 있다. 그런 점에서 볼 때 일본 '혼다제국'을 건설한 혼다 소이치로 회장의 말은 그래서 시사하는 바가 크다.

"속이 빈 대나무가 높이 자랄 수 있는 것은 마디가 있기 때문이다. 때때로 돌이켜보며 미래를 생각해야 한다."

돈 없고, '빽' 없는 사람들일수록 더 알뜰하게 기본을 다지고 가야 한다.

눈물겨운 노력으로 내 인생을 가꾸어 나가는 아름다운 사람들…….

나는 그들에게 '희망'을 선물하고 싶다. '힘을 내자. 용기를 내자. 어느 한날한시도 꿈을 놓지 말자.' 비록 힘들어도 우리가 열심히 살아

야 할 이유는 우리에게는 가야 할 꿈이 있고, 누가 뭐래도 우리는 우리
가 흘리는 땀 속에 분명 희망이 살아 숨 쉬고 있다는 사실이다.

나는 앞장서 그 희망의 전도사가 되고 싶다. 그것이 나의 사명인가!
오늘따라 유난히 '마디를 다지며 살아가야 한다' 는 교훈이 내 마음에
천둥소리보다 더 크게, 더 우렁차게 들린다.

Three Go······ Up다

"쓰리고 아프다." = "Three Go Up다."

살다보면 쓰리고 아플 때가 있다. 인생의 희로애락은 우리들 곁에 언제나 존재한다. 우리는 이들과 싸우며 그 속에서 승자로 남기 위한 치열한 생존을 위한 경쟁을 하고 있다.

결국 생존의 경쟁은 희로애락을 어떻게 다스리느냐가 성패를 좌우한다 할 수 있겠다.

어찌 보면 조물주의 심술(?)이 아닐까 넋두리를 해본다. 살다가 쓰리고 아플 때 내 신세타령을 하지 마라. 오히려 '내가 풀어야 할 숙제가 하나 생겼다' 고 생각하고 당당하게 맞서라.

인생은 역경을 풀어가는 하나의 게임이다. 차근차근 풀어가다 보면 지난 시절은 오히려 축복이 될 수 있다.

쓰리고 아플 때······.

내 마음이 쓰릴 때, 마치 고스톱 판에서 '쓰리고' 외치듯 자신 있고 당당하게 맞서라. 내 마음이 아플 때, 모든 것을 내 부족함과 내 탓으로 돌리고 내 마음을 차분히 추슬러 업(Up)시켜라. 세상 살다보면 아무도 나의 쓰리고 아픈 마음을 알아주는 이 없다. 설사 도와준다 해도 일회성에 불과할 뿐, 그것은 내게 도움이 되지 않는다. 살면서 모든 어려움은 혼자 헤치며 앞으로 나아갈 때 자신이 발전하는 법이다.

나는 바다를 향해 흘러가는 도도한 물줄기처럼 거침없이 살아왔다. 때론 거대한 바위가 내 앞을 가로 막을 때도 있었고, 도저히 흐르지 못할 막막함도 있었다. 바위가 앞을 가로막을 때는 바위에 부딪혀 깨지는 한이 있어도 스스로 부딪혀 왔고, 나의 물길이 약해서 도무지 흘러가지 못할 때는 잠시 기다려 빗물의 도움을 받아서라도 '꿈의 바다'로 흘러가는 나의 발걸음을 포기하지 않았다. 그렇듯 나의 인생은 내 인생에 역경이 있을 때마다 한 단계, 한 단계 업그레이드하며 살아왔다.

지금은 오히려 그날의 역경이 고맙게 느껴질 때가 있다. 솔직한 심정이다.

내가 아는 인생이란?

"행복 속에도 아픔과 고통이 있고, 불행 속에도 웃음과 행복이 있다는 사실이다."

이는 지난날의 역경을 통해 배운 나의 이야기요, 가슴속에 진하게 묻은 신념(信念)이다. 역경을 통해 배운 나의 이야기와 나의 신념을 요즘 살아가는 젊은이들과 공유하고 싶을 뿐이다. 꿈을 향해 나아가는 사람이야말로 진정한 멋쟁이요, 아름다운 사람이기 때문이다.

하늘의 태양은 예쁜 사람에게만 유독 많은 빛(따스함)을 주는 게 아
니다. 모두에게 같은 분량의 빛을 공평하게 나눠주듯 성공 역시 성공
을 위해 부단히 노력하는 모든 이들에게 골고루 돌아가는 결과물이란
사실을 지난 세월을 통해 배웠다.

비바람에 천둥치는 것과 쓰리고 아픈 현실은 고통을 주기 위해서가
아니라 우리에게 꿈을 이루어 주기 위한 과정이요, 더 큰 행복을 주기
위한 고통임을 스스로 위안하라. 쓰리고 아픈 현실을 원망보다는 감사
함으로 대하는 멋쟁이들이 많았으면 하는 바람을 가져본다.

앞으로 살 날 중에서
지금이 가장 어리다

앞으로 살 날 중에서 지금이 가장 어리다.

요즈음 들어 나이 먹는 소리가 들린다. 그것도 조금 세게 들린다. 나이를 먹으면 청력이 떨어지는데 왜 그리 크게 들리는지 그 이유를 모르겠다.

항상 젊음과 열정을 갖고 살던 버릇이 있었는데, 그 좋은 버릇이 요즈음에는 조금씩 사그라지는 모양이다. 항상 경쟁하는 것을 즐기며, 새로움을 향한 도전의식 속에서 살아왔는데, 그 정열도 자못 사그라지는 느낌이 든다.

더위를 먹었나?

기력이 떨어졌나?

언제 어느 때나 그저 포지티브 에너지를 가지고 액티브하게 살아왔는데…….

재충전을 해야 될 듯싶다. 누가 뭐래도 내가 사는 인생에서 가장 어린 시기가 바로 지금이요, 또한 내가 살아가는 동안 열정을 불태우며 나를 사랑할 때도 지금이다. 숫자에 불과한 나이를 잊고 행동으로 보여줄 아름다운 시기도 지금일 테니 말이다.

지금을 놓치지 말자. 내 인생에 가장 어리고 소중한 시기를 헛되게 보내지 말자. 언제나 그런 적극적인 삶(positive living)이 내 인생이었으니까……

웃자, 짜증나도 웃자

좋아서 웃는 게 아니라 좋아지기 위해서…….

옛말에 '팔자대로 산다' 는 말이 있다. 항상 어두운 사람은 어둡게 살고, 밝은 사람은 항상 웃고 산다. 웃고 사는 사람들, 그 사람들이라고 해서 걱정이 없고 근심이 없는 것이 아니다. 그들에게도 웃지 못 할 많은 아픔이 있다. 다만 참고 견디는 것뿐이다. '좋아서 웃는다기보다, 좋아지기 위해서 웃는다' 는 표현이 어울릴 게다.

나는 살면서 '도미노 현상' 을 자주 목격하게 된다. 하나가 넘어지면 끝없이 따라 넘어지는 도미노 현상. 짜증도, 웃음도 예외는 아닌 듯싶다. 한 번 짜증으로 폭발하면 연거푸 짜증스런 일이 발생하고, 한 번 웃다보면 안 될 일도 쉽게 풀린다.

우리 사무실에 들어올 때면 문짝에 커다란 글귀가 있다.

'잠깐! 이곳에 들어오시는 분은 웃고 들어오십시오.'

처음 방문하면서도 자못 엉뚱한 글귀에 갸우뚱하고 들어온다. 금세 분위기를 감지하는 듯하다.

내가 늘 중요시하는 대목이 있다. 그것은 신성한 일터에서는 웃음소리가 있어야 한다는 것이다. 이 좋은 곳에서 웃음소리가 나야지, 짜증내는 소리가 나면 아니 된다. 업무를 보면서도 웃고, 고객을 대할 때도 웃고…….

내가 회사를 경영하는 한 우리 일터에서만은 모든 짜증 벗어던지고 웃음의 전진기지가 되어 모든 분들에게 FUN한 웃음을 주고 싶은 생각뿐이다.

세상만사 쉬운 일 어디 있겠는가! 어디 따지고 보면 짜증나는 일 한 두 번이겠는가! 하지만 어려운 일도, 짜증난 일도 다 풀라고 있는 법. 웃으며 긍정의 에너지로 짜증을 대하면 모든 게 긍정적으로 풀리게 되어 있다.

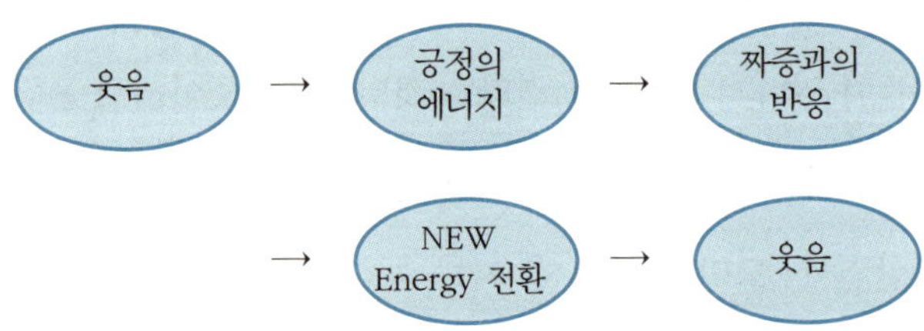

일상에 반복되는 웃음의 사이클(Cycle)을 찾아 잃어버린 웃음을 되찾는 것이 바로 성공의 ABC라는 사실을 알아야 하겠다.

ㅎㅎㅎ 크게 웃으며 시작하는 하루, 오늘도 웃을 일이 많을 것 같다.

Fearless,
두려움이 없는 세상

"이 세상 가장 바보는 좋은 일 하면서 두려움을 갖는 놈이다. 두려움을 가질 때는 도적질할 때와 사기칠 때뿐이다." - 고환택 -

이 말이 문뜩 머리에 스치고 지나간다.

가만히 생각해보면 두려움이란 도전을 방해하는 암(癌)적인 존재다. 사기치고 도적질할 사람이 아니라면 마음에서 떼어내도 괜찮을 듯싶다.

두려움과 신중함은 다른 것 같다. 어둠속을 두려운 생각으로 가다보면 조그만 돌부리에도 쉽게 넘어진다. 하지만 신중하게 하나하나 더듬으며 전진하다보면 목적지를 쉽게 갈 수 있다.

세상살이 하면서 두려워 말라. 실패한들 어쩌랴. 다시 하면 되는 걸…….

나쁜 일을 하다가 실패하면 재기하지 못해도, 좋은 일을 하다가 실패하면 더 크게 재기할 수 있다.

용기를 내자. 담대하게 목표를 설정하자. 그리고 묵묵히 걸어가는 용기를 갖자.

두려움 없는 내 인생에서 용기란?

무섭고, 두렵고, 포기하고 싶어도 참고, 끝까지 참고 이겨내는 것이 용기다.

Fearless!

인생에 두려움을 갖지 말아 주십시오.

두려움과 친해지는 연습을 하십시오.

경험은 돈을
주고도 살 수 없다

　흔히들 경험은 돈을 주고도 살 수 없다고 한다. 이 말은 경험이야말로 실제 느끼고 경험하지 않으면 얻을 수 없다는 말이다. 또한 경험은 돈보다 더 가치가 있는 훌륭한 자산이란 얘기일 것이다.

　모든 것은 경험에서 나온다. 인생살이도, 사업도, 사랑도, 즐김도 다 경험에서 나온다. 좋은 경험이 많은 자일수록 부자란 이야기다.

　경험은 좋은 경험도 있고, 아프고 쓰라린 경험도 있는 법이다. 좋은 경험과 실패에 대한 경험, 둘 중에 어느 것이 값어치가 있느냐는 중요한 게 아니다. 문제는 호불호(好不好)를 막론하고 모두 내 인생의 좋은 방향계가 될 수 있다는 사실이다. 좋은 경험은 좋은 추억이 되어 인생을 환하게 한다. 반면 실패의 경험은 내 실패의 반복을 줄여준다.

　실패의 경험은 때로는 내 인생의 브레이크가 되기도 하고, 가속페달이 되기도 한다. 브레이크와 가속페달이 없는 자동차는 상상하기 어렵듯 실패 없이, 과오 없이 인생을 산다는 건 무의미한 삶이 되고 말 것이다.

경험은 돈을 주고도 살 수 없다. 경험은 세월을 두고 하나둘 비축해야 한다. 마치 몸에 좋은 보약 먹듯 말이다. 축척된 경험은 에너지의 원천이 된다. 에너지원이 많을수록 인생은 깊이가 있고 탄력이 생긴다. 실수도 젊었을 때 하고, 경험도 젊을 때 많이 쌓아놓아야 한다.

부지런한 자가 경험도 많다. 다양한 경험에서 우러나오는 방향계는 내 인생을 올바로 안내해줄 바로미터이다.

실패를 두려워하지 마라. 불에 데어봐야 화력이 무서운지 안다. 보고 느끼는 배움엔 한계가 있다.

밋밋한 인생은 재미가 없다. 인생의 깊이가 없다. 인생의 승부는 경험의 많고 적음에서 판가름 나는 법이다.

나의 단점을
매력으로 가꿔라

하필 내 주변엔 키가 큰 사람이 많다. 내가 작기보다는 상대방의 키가 크니 유독 더 작게 보인다. 하지만 골프칠 때는 좋다. 작은 키에서 힘차게 나오는 임팩트, 가히 기쁨 두 배다.

어느 날 골프를 하는데 그날따라 하늘이 높아 보였다.

같이 골프하던 동반자 왈 "고프로는 하늘이 더 높겠어?"

순간 고개를 위로 쳐들고 동반자의 얼굴을 보았다.

"맞아! 하하하."

그 친구가 보는 하늘과 내가 보는 하늘은 1피트(Feet) 차이가 난다.

차이가 난들 어떠랴!

가만히 생각하니 행복하다는 느낌이 든다.

'나는 남보다 1피트 더 높이 볼 수 있는 자유를 가진 남자다.'

내가 동반자를 보고 웃자, 옆에 있던 캐디는 깔깔대며 웃는다.

그렇게 웃으며 다음 홀(Hole)에 갔다.

힘차게 스윙한 내 볼은 다른 동반자들보다 무려 30야드(Yard)나 더 멀리 포물선을 그리며 날아갔다.

"굿~샷!"

같이 하늘을 봐도 제일 높게 하늘을 볼 수 있는 사람이 키가 작은 사람의 특권이다.

내 일에
정성을 들여라

세상사 무엇 하나 쉬운 것이 없다. 아마 자신의 일이 쉽다면 그것은 부질없는 일이 아닌지 의심해볼 필요가 있다. 그것도 아니라면 쉬운 와중에 반드시 리스크는 도사리고 있을 듯싶다.

사회생활을 하다보면 어려움을 겪는 사람들을 종종 볼 수가 있다. 다들 무슨 일을 준비 없이 쉽게 시작하지 않나 싶다. 쉽게 시작한 일, 쉽게 망가지기 쉽다.

오랜 세월을 견디다 꽃망울을 터뜨리는 난(蘭)이 향기가 오래가는 법이다. 그렇듯 '오랜 준비를 통하여 정성스럽게 시작하고, 하는 일에 정성을 다하는 자세가 중요하다' 는 생각이 든다.

요즈음 창업하는 사람들, 너무 쉽고 안일하게 시작하는 사람들이 더러 있는 것 같다.

아닌 듯싶다. 성공이란 애써 부지런히 한다고 해서 다 되는 것은 아니다.

성공을 하기까지 그 무언가 보이지 않는 힘(Power)이 존재해야 성공할 수 있다.

나는 그 힘이 바로 '정성(精誠)' 이라 생각한다. 특별한 재주가 없는 사람일수록 더 많은 정성이 요구됨은 기정사실 아닌가!

많은 돈 없어,

특별한 기술 없어,

딱히 내세울 나만의 노하우가 없어,

…….

이럴 때 그나마 나를 일으켜 세워 주는 게 바로 정성이다. 직장생활을 하든, 사업을 하든, 연애를 하든, 운동을 하든, 그 무엇을 하든지 매사에 정성을 들이는 습관이 몸에 배어야 한다. 마치 부모가 자식새끼 잠자는 것도 못미더워 '빠끔히 문을 열고 들여다보는 부모처럼' 그런 하염없는 정성을 쏟아야 한다.

모든 게 정성 없이 꽃피우는 일이 없으니 말이다.

바람피우는
사람이 성공한다

바람을 피우자. 한 남자로 태어나 바람 한 번 피워보지 못하고 죽는다는 것은 못난 짓이다. 남들 다 피우는 바람, 왜 나만 바람피우지 않고 사는가!

요즈음 많이들 어렵다고 한다.

"요즘 힘드시죠? 밖에서 들으니 요즘 많이들 힘들다고 하던데……." 이렇게 말했다가 "그런 사장님은 그럼 잘된다는 거네요" 하면서 핀잔받는 세상이다.

힘드냐고 물어본 것은 '세상 모두가 힘들어도 열심히 하면 다 길이 있다'고 말하고 싶었던 마음에서 말을 한 건데, 답변이 그렇게 퉁명스럽게 나오는 걸 보면 아무래도 체감경기가 장난이 아닌 듯싶다. 하여간 불황의 여파는 서민들의 마음의 여유마저 빼앗아간 것 같은 느낌을 지울 수 없는 걸 보면 요즘 시국이 불황은 불황인 모양이다.

이처럼 어려울 때일수록 바람을 피워야 한다. 남의 탓만 하고 위정자들 욕만 할 게 아니라 정작 바람을 피워야 한다.

그 바람은 바로 '혁신(Innovation)의 바람'이다.

시대가 바뀌고 있다. 변화의 폭과 시기가 예측하기 어려운 쪽으로 흘러가고 있다.

이 시대, 이 불황을 타계하려면 혁신이란 옷을 갈아입지 않으면 안된다. 내 마음의 혁신이 필요하고, 내 정신의 혁신이 필요하다. 일하는 것도 예전의 방식을 고집해서는 안 된다. 무엇인가 변화가 필요하다. 이처럼 변화의 물꼬를 올바른 방향으로 흘러가게 하는 것이 바로 '혁신'이요. 또한 이 혁신을 올바른 방향으로 어프로치하는 힘(Energy)이 곧 '바람'인 것이다.

그래서 바람을 피우라는 것이다. 불황의 골이 깊어지면서 예전과 달리 생각이 달라지는 듯한 생각을 많이 보이는 것 같다.

하지만 바람을 피우는 힘의 동력은 약하다고 생각된다. 이 동력을 이끌어 내야 한다. 그것은 바람을 피워 이끌어 내는 방법밖에 없다.

내가 생각하는 어려움을 타계하는 혁신의 바람은 꿈을 버리지 않고 도전하는 것, 끊임없이 자기계발을 하면서 하는 일에 최선을 다하는 것, 서로가 서로를 생각하며 배려하는 것, 매일 새로운 모습으로 자신과의 약속을 지키려 애쓰는 것이다.

너무 조급하게 생각하지 마라. 너무 쉽게 결과를 보려하지 마라. 성공은 오랜 기간 마음의 바람을 일으켜 자기의 길을 쉼 없이 간 사람들의 몫이다. 그 몫을 차지하기 위해서는 하루도 빠짐없이 내 안에 변화의 바람을 묵묵히 지펴야 한다. 그것이 신(新)바람이다. 그 신바람을 일에 쏟아 붓는 열정을 기대해 본다.

일 열심히
하지 마라

'열심히 일하라, 열심히 일하라…….'
이 말을 짜증나도록 숱하게 들었다.
귀에 못이 박히도록 수도 없이 들었다.
왜 다들 난리들인가!
왜, 왜들 열심히 하라고 난리들인가?
'일 열심히 하지 마라.'

내가 강조하는 일 열심히 하지 말라는 것은,

- 생각 없이 일하지 말라는 것이다.

- 일의 결과를 염두에 두고 일하지 말라는 것이다.

- 돈을 보고 일하지 말라는 것이다.

- 자신만의 출세, 아니 성공을 하기 위해서 하는 그런 일은 열심히

하지 말라는 말이다.

무슨 궤변이냐 따질지 모르겠다. 하지만 분명한 것은 있다.

첫째, 생각 없이 일하는 것은 단순기구나 기계가 할 일이다.

생각 없이 주어진 일을 열심히 한다는 것은 낭비다. 생각을 가진 사람이 할 일은 아닐 듯싶다. 생각 없이 일하는 조직은 반드시 망하게 되어 있다. 창의력을 발산할 수 없고, 시대에 뒤떨어진 제품이나 서비스만을 생산할 뿐이다. 일하려면 생각을 가지고 하라.

둘째, 일의 결과를 염두에 두지 말아야 한다는 것이다.

일의 결과를 염두에 두고 일을 하다보면 자칫 이기주의자가 될 수 있다. 이기주의가 많은 조직이 성공한다는 것은 불가능한 일이다. 결과에 급급하지 말고 일에 지성(至誠)으로 다가가는 자세가 필요하다는 것이다.

셋째, 돈을 보고 일하는 것은 매혈(賣血)이나 다름없다.

우리는 하루 벌어 하루 먹는 사람이 아니다. 돈보다는 일의 가치를 생각하고 일해야 한다. 일의 가치를 생각하고 열심히 달려들 때 돈도, 명예도 네게로 오는 법이다. 오지 말래도 언젠가는 오는 땀의 결과를 돈으로 그때그때 날려버리는 어리석음을 범하지 말아야겠다. 돈을 보고 일하는 사람은 차라리 일을 하지 마라.

넷째, 일은 신성한 것이다.

출세나 성공도 급하겠지만 자신만을 위한 출세나 성공을 바라보고 열심히 일하는 사람은 열심히 일한 만큼 출세나 성공은 저 멀리 달아

나 버린다. 일은 신앙처럼 그저 묵묵히 믿고 따르는 것이다. 자기자신보다는 조직을 위해, 팀을 위해 최선을 다하는 게 일이다.

일에도 예의가 있다.

무엇을 바라고 일을 하는 건 천당에 가려고 열심히 기도하고 찬송하는 사람이나 용돈 타 쓰려고, 유산 물려받으려고 부모님께 효도하는 사람과 견주어 다를 바 없다. 일에 대한 모독이다.

일한다는 것은 그저 일하는 자체가 조건 없이 고맙고 감사해야 한다. 내가 일하는 조직이나, 회사의 발전을 염두에 두고 일하는 사람이나 열심히 하는 것이지, 일에 예의가 없거나 일을 모독하는 그런 사람이라면 차라리 일하지 말고 노는 게 낫다.

일이 있어 행복하고 일이 있어 즐거운 사람, 그런 사람들이 모여 사는 아름다운 세상이 되었으면 한다.

청소는 청소부
아줌마만 해야 한다(?)

많이 배운 사람은 청소 안 해도 된다.

돈 있는 사람들은 청소 안 해도 된다.

청소는 못 배우고 돈 없는 사람들, 그 사람들이 청소를 해야 한다.

제목보고 뭇매를 맞을 것 같다. 돌팔매를 맞을 것 같다. 그러나 답답해서 하는 말이다. 아쉬워서 하는 말이다. 요즈음 주변을 보면 기본을 모르고 살아가는 사람들이 많다. 또한 작은 행복을 모르고 살아가는 사람들이 의외로 많이 있는 것 같다.

세상이 변해도 기본은 살아있을 법한데, 똑똑한 사람만 많지 주변에 작은 아름다움을 가진 손은 점점 사라지는 인상이다.

우리 공장 화장실은 공중화장실이다. 18개 업체가 공동으로 사용하는 화장실에 청소용역 아주머니 한 분이 이틀 간격으로 청소를 해주신다. 건물주 회장님께서 세입자들이 깨끗한 환경에서 일 열심히 하라는 배려인 듯하다. 세입자 또한 열심히 일해서 공장 사서 나가는 모습을 보고 싶어 그런 것 같다.

날마다 공장 주변은 회장님 담당이다. 비가 오나, 눈이오나 이미 정년을 넘기신 몸이지만 "내가 이처럼 부지런히 일했기에 오늘이 있는 거야" 하시며 말없이 시위를 하는 듯하다. 사업하는 사람 어려움을 아는지라 당신이 먼저 몸소 보여주시는 것 같았다. 그 덕분에 우리 공장은 늘 정리정돈이 잘되고, 철 제조공장 치고는 아주 깨끗한 것 같다.

아침마다 청소하는 모습에 더 부지런해야겠구나 하고 마음을 다지곤 한다.

어디 그뿐이랴. 그 모습 뵐 때마다 옛 생각이 떠오른다. 사업 초기나, 지금이나 변함없이 나의 생활을 단단하게 잡아주는 중심(中心)이 있다. 그것은 '청소'다.

"깨끗해야 복이 들어온다"는 말처럼 정리정돈 잘하는 깨끗한 회사는 무언가 힘이 있다. 보이지 않는 자신감이 있다. 나는 사업하는 동안 잘 나갈 때나, 어려울 때나 이 마음 잊은 적이 없다.

'청소란 놈'은 내가 잘 나갈 때는 자신감과 새로운 욕구를 일으켜 주었고, 특히 어려울 때는 내 마음의 친구가 되어 나의 중심을 단단하게 잡아 주었다.

어디 그뿐이랴. 지금도 간혹 청소할 때마다 옛 생각이 떠오른다.

청소가 나에게 준 가장 큰 선물, 내가 다시 일어서는데 일등공신이 된 그 사실 말이다.

IMF 어려움을 겪고 재기(再起)할 때 내 등을 받쳐주며 나를 외롭지 않게 하였을 뿐 아니라 좌절하지 않고 지금의 모습으로 화려하게 재기하도록 큰 힘이 되어 준 것이 바로 청소다.

그래서 주인(건물주 회장님)의 마음을 잘 안다. 청소를 해본 사람이 그 마음도 아는 법이다.

미안한 얘기지만 그 고마움을 모르는 사람들이 많은 것 같다. 청소 아줌마가 다녀간 날에만 깨끗하던 화장실. 다음날은 지저분해서 볼 수가 없다. 누구 하나 떨어진 휴지조각 주어서 쓰레기통에 넣는 사람이 없다. 세면대는 기름때, 얼룩 때가 꾀죄죄하다. 자기 손 닦고 한번만 훔쳐내면 좋으련만 그냥 씻고 휑하니 가버리면 그만이다. 공동화장실이기에 더더욱 그런가 보다.

어떤 때는 내가 변기의 지저분한 것을 청소하고 있노라면 의아한 듯 힐끔힐끔 쳐다본다. 지저분한 것을 청소하는 것은 당연한데 사장이 청소하는 것을 보니까 이상한 모양이다.

이런 이상한 사람들이 많았으면 싶다. 청소하면서 얻는 참맛을 아는 아름다운 손들이 많았으면 싶다. 청소가 나에게 준 선물처럼 그 선물 많이 받고 성공하는 사람들이 많았으면 싶다. 환경도 깨끗하고, 마음도 깨끗한 아름다운 세상이 우리가 원하는 세상이기 때문이다.

청소는 청소부가 하는 게 아니라 지저분한 것을 보는 아름다운 눈을 가진, 바로 그 사람이 하는 것이요, 지저분한 환경을 깨끗하게 만드는 그 손을 가진 사람이 하는 것이다.

청소를 하면서 얻는 즐거움 속에 인생도 즐겁고 행복했으면 하는 마음을 가져본다.

사랑이란?

사랑은 각자 빛나는 두 개의 별이 모여 더욱 빛나는 것. 사랑하는 두 사람은 밤하늘에서 자기 존재를 알리며 빛나는 별들과 같다.

저 밤하늘에 빛나는 북두칠성을 보라. 일곱 개의 별이 각기 다르게 빛나면서 함께 모여 멋진 모습을 만들어내지 않는가.

그 여자를 정말 사랑한다면 각각이 스스로의 개성과 매력으로 둘이 함께 조화를 이룰 때 아름다운 사랑이 밤하늘의 별처럼 빛나는 법이다. 연인을 만나면 연인을 내 스타일로 만들려 하지 말고 연인의 스타일을 존중해 주고, 사랑해 주는 것이 진정한 사랑이다. 사랑이 곧 배려이듯 연인의 개성과 매력을 서로 보듬어주는 게 사랑이다.

사랑한다면 다 주어라. 이기적인 사랑은 길게 가지 못한다. 그런 사랑은 시간만 소비할 뿐이다. 받기보다는 줄 수 있는 연인을 만나고 그 사람을 위해서 아낌없이 주는 마음을 가져라.

사랑은 계산적이어서는 아니 된다. 적어도 내가 사랑하는 사람에게
는 손해를 보려고 노력하는 사랑이 아름다운 것이다.

사랑은 이기적이어서는 아니 된다. 내가 선택한 사람을 편하게 하는
마음 없이는 그 사람의 따뜻한 마음을 받을 수 없다.

사랑은 용서할 줄 알아야 한다. 흔히들 상대방이 잘못했을 때 '너도
그 상황 당해봐라', 도저히 용서할 수 없다는 이야기를 한다. 한심한
일이다. 용서와 화해는 병원과 같은 것이다. 용서와 화해 없이는 사랑
의 상처를 치유할 수 없게 된다.

무수히 많은 밤하늘의 별 중에 내가 선택하여 바라보던 별이 영롱하
면 기분이 좋듯, 내가 만난 연인이 행복한 웃음을 지을 수 있도록 내가
먼저 배려해 주는 따뜻한 마음이 우리 가슴에 피어나길 기원해 본다.

성장이
멈춘다는 것……

"육신의 성장은 멈춰도 용납할 수 있다. 하지만 꿈(Vision)의 성장이 멈추는 것은 용납할 수 없다." - 고환택 -

인간은 나이를 먹으면 성장이 멈추게 된다.

일정 시간이 흐르면 오히려 키가 줄어든다는 걸 느끼게 된 것이다. 성장판이 멈추고 오히려 관절이 달라붙어 키가 1~2cm 작아진다고 한다.

누구나 40대 중반이면 무언가 터 좀 닦아놓고 중후한 모습으로 숨 좀 쉬려할 나이다. 그때쯤이면 아이들의 키는 훌쩍훌쩍 커버리고 부모의 모습은 점점 작아질 나이다.

아이들이 크는 만큼 부모는 작아지는 현실, 40대 중년의 현실이다. 이제 더 나이 들면 키는 더 줄어질 테고……. 아이들이 커서 대학 보내

고 시집, 장가보내려면 허리가 더 휘게 될 터인데 말이다.

허허허 웃음만 나온다. 이 키에 줄어들게 뭐 있다고……. ㅎㅎㅎ

총각 행세하며 속아주던 사람들 보면서 즐거워했던 지난날이 그립다.

창밖엔 가을을 재촉하는 비가 부슬부슬 내린다. 예전 같으면 기쁨으로 맞이할 9월이건만 달력의 빨간색 숫자에 벌써부터 기가 죽는다.

오곡백과가 무르익는 추석 연휴 기쁨보다는 무거운 느낌으로 내게 다가온다. 매년 돌아오는 추석이건만 올해는 비 맞은 옷을 입은 것처럼 마음이 무겁다. 현실이 어려워서 하는 얘기가 아니고 마음으로 느끼는 세월의 무게감이랄까?

한 번 쉼 호흡을 해본다.

문득 집에 있는 와이프가 생각난다. 예전에 없던 일이다. 이제 나이 먹은 티를 하나씩 내보이는 모양이다. 나도 모르게 아직도 끊지 못한 담배로 손이 간다. 이럴 땐 그저 창밖을 보며 빨아대는 담배 맛도 그리 나쁘지만은 않은 듯싶다.

그러고 보면 나는 늘 부자였던 것 같다. 돈이 많아서도 아니고 장차 돌아올 부(富)가 있어서도 아니다. 내 가슴엔 언제나 꿈과 소망이 가득했기 때문이다.

젊을 때 없어도 당당했던 나의 모습이 늘 자신감으로 이어져 후회하지 않은 내 인생을 걸어온 듯싶다. 그러나 작금(昨今)의 현실은 내 마음에 비를 내리게 한다.

이게 또 중년의 시련인가? 움직임이 둔해지고, 즐거움이 줄어든다. 그 무엇 때문도 아닌데 이유 없이 그렇다. 그것 또한 받아들일 수가 없기에 요즘 부쩍 비아(非我)와의 싸움이 치열한 듯싶다.

그렇듯 며칠이 흘렀다. 이건 아니다 싶어 예전에 부자였던 내 마음으로 유턴(U-Turn)을 하기로 했다. 다시 도전의 목표를 설정하고 나니 마음이 즐겁다. 생각 한 번 바꾼 것뿐인데 이렇게 행복한 걸 보니 일체유심조(一切惟心造)란 단어가 새롭게 느껴진다. 마치 반환점을 돌아서 처음 스타팅 라인으로 승리를 향해 달리는 마라토너처럼 모든 게 새로워진 느낌이다. 비온 뒤 청명한 날씨처럼 콧노래가 나오기까지 한다.

요즘 내가 즐겨 부르는 윤태규의 '마이웨이(MY WAY)' 란 노래가사가 떠오른다.

문득 출근하면서 생각했던 "육신의 성장이 멈추는 건 용납할 수 있다. 하지만 꿈(Vision)이 멈추는 건 용납할 수 없다"는 의지가 잃었던 미소를 다시 찾게 해준 것 같다.

나이는 숫자에 불과한 것, 지금 시작하더라도 몇 십 년 꿈을 찾아가
는 리더의 모습이 곧 나의 모습이요, 세상을 살아가는 한 한시도 잊어
서는 안 될 중요한 인생의 숙제라는 사실을……

그 숙제 하나를 마친 것 같아 오늘 기분이 너무나 좋다. 빨리 업무
끝내고 와이프 불러 소주에 삼겹살이나 먹어야겠다. 사랑스런 중년의
꿈, 소망, 사랑을 이야기하면서 말이다.

스스로 자가발전을 시키는 사람

사람이 살아가는 데 있어서 반드시 잊지 말아야 할 것이 있다. 그것은 자신 스스로 열정을 불태울 수 있는 동력을 함께 가져가야 한다는 것이다. 꿈의 동력, 삶의 동력은 내부에서 찾든, 외부에서 찾든 반드시 찾아야 한다. 동력을 찾지 못한 꿈은 홀로 방황하다가 사라지는 특성이 있기 때문이다. 소중한 내 꿈이 하늘에서 구름처럼 떠돌다 스스로 포기하게 된다면 그것은 불행한 일이다.

나의 경우는 삶의 동력을 외부로부터 찾지 않고 내부적으로 자가발전을 시키는 삶을 살아가고 있다. 외부로부터는 어떠한 동력도 찾기 힘든 열악한 환경이었기에 스스로 자가발전을 하게 되었지만 돌이켜보면 아무것도 없고, 의지할 만한 곳이 없었던 환경이 오히려 큰 복이 된 듯싶다. 지금도 감사히 여기고 있다. 없는 것도 복이다.

나약한 사람들은 외부로부터 삶의 동력을 지원받기를 힘쓴다. 참으로 안쓰러운 일이다. 그들은 외부의 동력이 끊기는 순간 어둠을 헤매야 하기 때문이다. 외부로부터 받는 동력은 한계가 있다. 스스로 자가 발전을 하는 동력은 비록 힘은 미약하더라도 꿈을 비춰줄 충분한 동력이 된다.

나는 이 빛으로 세상을 걸었다. 이 빛으로 어둠을 뚫고 목표한 바를 당당히 이루고 있다. 그래서 나는 나 스스로를 부를 때 '제너레이터' 라고 부른다. 10여 년을 그렇게 부르니 이제 살갑게 느껴진다. 내 자신이 힘들고 어려울 때 '제너레이터', 그 이름을 부르면 힘이 났다. 없던 자신감도 되살아났다. '제너레이터', 그 이름은 내 인생에 있어 참으로 고마운 이름이다.

나이 들수록
열정이 없으면 쉽게 늙는다

차가운 겨울날 보온병에서 나오는 따뜻한 커피 맛을 잊을 수가 없다. 편의점 호빵 통에서 막 꺼낸 뜨거운 호빵을 호호 불며 먹던 생각이 난다. 너무 배가 고파 허겁지겁 먹다 보면 어김없이 입천장이 데여 쓰라린 경험이 한두 번이 아니다. 그래도 그저 맛있어 좋았던 어린 시절……. 그때 그 시절이 그립다.

이제 세월이 많이 흐른 듯하다. 머리는 희끗희끗해지고 세월의 잔주름이 늘었다. 그러고 보니 어떤 때는 나도 외롭다. 흐르는 세월 따라 외로움도 함께 늙어 가나 보다.

어떤 때는 떨어지는 꽃잎만 보아도 울적해진다. '남자가 나이를 먹으면 연속극을 보면서도 운다'는 말처럼 세월 앞에 장사(將士)가 없을 듯싶다. 그러나 나는 말하고 싶다. 나이를 먹고 흰머리가 많아져 슬픈 것이 아니라 나이 들수록 열정이 식어가는 느낌이 들 때 그때가 가장 슬프다.

'안티에이징(anti-aging)' − 나이 드는 것을 막다. 젊게 산다는 말이 유행이다. 그래서 늘 젊게 살려고 노력을 한다. 내가 젊게 살려고 하는 이유는 나이 들수록 열정도 함께 따라 늙기에 나의 열정만큼은 언제나 생생하고 탱탱하게 유지하려고 항상 애를 쓴다. 때로는 푼수 같아도 좋다. 때로는 가벼워도 좋고, 나잇값 못해도 다 용서가 된다. 그러나 삶의 열정이 식는 것만큼은 용서할 수가 없다. 열정이 있어 행복했고, 열정이 있어 신나게 배웠다.

일에 대한 열정이 강했기에 오늘의 내가 있음을 안다. 그러기에 열정이 없는 내 인생은 상상하기도 싫다.

아침에 눈을 뜨면 새로운 즐거움을 찾아 나서야지……. 무언가 즐길 일을 찾아 나서는 것은 내 삶의 보온병처럼 내 안에 열정이 식지 않게 나를 보호해 줄 것이니…….

'성공학 에세이'를 쓰는
글쟁이의 하루

'하얀 백지에 내 마음을 담는다는 것'은 언제나 행복한 것 같다. 잘 쓰고, 못쓰고를 떠나 나만의 자유여행을 떠나는 기분이기 때문이다. 그래서 즐거운 마음으로 글을 쓴다. 향기 나는 글을 쓰고, 내 글의 향기를 누군가 맡아준다면 행복이겠지…….

블로그를 통해 한 줄 한 줄 써내려 가는 도중에도 생활의 많은 반성을 한다. 꺼져가는 열정을 부채질하기도 하고, 세상을 바로 보는 안목을 넓히고자 하는 노력도 게을리 하지 않는다.

글 쓰는 재미는 여기에 그치지 않는다. 젊은 독자들에게 다가가고 싶은 욕심 때문인지 몰라도 글을 쓰면서부터 예전보다 몸도 마음도 젊어지는 느낌이다. 이 또한 글쟁이의 보너스라 하겠다.

창밖을 본다. 하늘과 땅을 잇는 소통의 비가 내린다. 비가 와서 그런지 오늘따라 로스터스 빈(Roaster's Bean)의 향기가 더 진하게 코끝을 자극한다.

　내 글이 독자들에게 마치 갓 볶아낸 맛있는 원두커피의 부드러움처럼 친근하게 다가갔으면 좋겠다는 생각을 해본다.

행운을 위해
행복을 짓밟지 마라

배움의 길을 걷는다는 것은 언제 보아도 좋은 것 같다. 새로운 것을 얻는 것도 많을뿐더러 자신을 뒤돌아 볼 수 있는 눈(안목)을 키워 주는 것 같아서 기분이 좋다. 이번 달은 또 하나의 의미 있는 길을 걸었다. 지금까지 철강 CEO 생활만 하다가 작년부터 성공학 특강을 하다 보니 늘 부족함이 많이 있었다. 그러던 중 인천 성장교육센터에서 실시하는 '웃음치료사, FUN 리더십' 강의를 수강하게 된 것은 매우 의미 있는 일이라 하겠다.

아무리 좋은 음식 재료가 있어도 요리사의 손맛과 정성 그리고 요리 실력이 있어야 맛있는 요리가 되듯, 특강시 아무리 좋은 이야기도 언어 전달능력이 부족하면 감동을 줄 수 없다.

적지 않은 나이에 쑥스러움을 무릅쓰고 시작한 교육이었지만, 끝나는 그 시간까지 용기를 내서 접수하기 참 잘했다는 생각이 뇌리를 떠나지 않았다.

　구구절절 가슴에 와 닿았을 강의로 시간 가는 줄 모르고 16시간의 강의를 마쳤다. 그 중에 한 '행복' 이란 단어를 새로 보듬게 된 이야기가 있다. 네잎클로버의 꽃말은 '행운' 이며, 세 잎 클로버의 꽃말은 '행복' 인데, '사람들은 행운만을 바라며 행복을 짓밟는다' 는 것. 사실 그렇다. 우리는 네잎클로버 하나를 찾기 위해 수많은 세 잎 클로버가 짓밟히는 우(愚)를 범하며 살아왔다. '행운' 하나를 얻기 위해 수많은 '행복' 을 짓밟고 살아 온 지난날이 반성되는 시간이었다. 세상 어떤 금은보화보다 더 가치 있는 '행복' 을 네잎클로버를 통해서 배웠다.

　행복으로 가는 좋은 길을 찾고, 행복에 대한 마음의 문을 활짝 연 좋은 시간이 된 것 같아 기분이 좋다.

내 공은
앞으로 날아간다

골프는 이미 대중화된 지 오래인 듯싶다.

좋은 사람들 그리고 싱그러운 자연과 함께 어우러지는 골프는 일에 활력을 넘어 열정으로 가득 차게 해주는 묘미가 있다. 때로는 마음대로 되지 않아 짜증이 날 때도 있지만 인생의 굴곡처럼 골프 또한 그러하니 나도 모르게 골프의 매력에 빠질 수밖에……

골프를 치다보면 자연과 교감하고, 스스로의 마음을 다스리는 법을 배운다.

운동을 하면 승부욕이 강하게 발동하는 나는 그놈의 욕심 때문에, 그 승부욕 때문에 OB와 친숙해질 때가 많다. 그래도 좋다. 18홀을 돌다보면 기분 좋은 샷, 바보 같은 샷의 연속이다.

마치 희로애락의 수련장 같다는 느낌을 지울 수 없다. 골프 칠 때는 야명조(夜鳴鳥)처럼 후회하지 말고 틈나는 대로 연습을 더 해야지 하면서도 끝나고 돌아오면 클럽은 트렁크에서 잠자기 일쑤다.

마음먹은 대로 되지 않는 게 골프다. 어제 다르고 오늘 다르니……. 하지만 이제는 즐기는 방법을 안다. 인생이 그렇듯 골프도 멘탈이다. 자신 스스로를 다스려야만이 공도 다스릴 수 있다. 자신을 다스리고, 연습을 통한 자신감이 있어야 사업도, 골프도 잘 할 수 있다. 내 공을 힘차게 앞으로 날려 보내는 연습은 비단 골프뿐만 아니라 일도, 배움도, 사랑도 모두 마찬가지인 듯싶다.

'내 공은 앞으로 날아간다.'

이처럼 정체하지 않고 자신의 삶을 앞으로 보내는 연습이 '성공의 학습'이란 생각이 든다.

골프 레슨과 성공의 기본

어떻게 하면 골프를 잘 칠 수 있을까? 골프를 잘 치기 위함이 많은 골퍼들의 고민이다 보니 자연스럽게 프로 선수들이나 아마 고수들이 전해주는 말 한마디에 쫑긋 귀를 기울인다. 그러나 그들이 말하는 레슨 팁(Tip)은 의외로 간단하다. 바로 "머리 들지 마십시오(Don' t head up)"다.

골프를 처음 배울 때는 잘 따라하다가도 어느 정도 칠만 하면 헤드업을 밥 먹듯 하는 게 골프인 듯싶다. 그러다 보니 자연히 골프 실력은 뒤로 뒷걸음질 한다. 원인이 무엇인지를 모른다. 그러나 그것은 자신의 샷에 집중하기보다는 미리 앞을 내다보기 때문이란 사실을 뒤늦게야 안다. 바로 헤드업이 문제란 사실을 말이다.

그렇듯 성공에도 자꾸 뒷걸음치는 인생을 우리는 간혹 볼 수 있다.

명문 대학 나왔는데…….

좋은 직장 다녔는데……

집안이 ‘빵빵’한데…….

도대체 무엇 때문에 자기 인생이 뒷걸음치는지 원인을 모르고 산다.

바로 헤드업이다. 자신이 지금 집중해야 될 곳에 집중하지 않고 과거 잘나갈 때를 생각한다든지, 아니면 미리 결과를 알고 싶어 하는 성급함이다.

골프를 칠 때 공을 끝까지 보는 것과 일을 하면서 현실을 똑바로 보는 것은 바로 연습이요, 훈련밖에 없다.

바로 “머리 들지 마십시오(Don’t head up)”다.

골프의 구력이 쌓일수록, 인생의 경륜이 쌓일수록 기본에 충실하고 교만하지 않는 자세가 바로 성공의 자세가 아닌가 싶다.

미래 경쟁력을
가져라

3월의 첫날이다.

삼일절이자 3월의 첫날……. 하필이면 일요일이다.

중복 휴일임에도 우리 직원들은 아랑곳없다. 대기업 납품일자를 맞추려고 많은 직원들이 나와 있다. 사실 나는 정말 행복한 사장이다. 이제껏 납품일자에 쫓겨 사장인 나 스스로 야근 또는 특근을 시켜본 적이 없다. 우리 회사는 임원, 관리직 그리고 생산직 직원 모두 임금체계가 동일하다. 야근이나 특근을 해도 추가로 수당이나 급여가 더 나가지 않는다. 모두가 연봉제 사원들이다. 그러나 모두 한마음 한뜻으로 야근이며, 특근을 서로 먼저 하려 애를 쓰고 모든 일을 스스로 알아서 한다.

이 얼마나 행복한 사장인가!

나 역시 직원들 고생하는 곳에 특별한 일이 없는 한 꼭 함께하려 애를 쓴다.

오늘은 큰 아이 미국 유학 떠나는 날인데도 일하는 직원들이 있기에 회사에 나왔다.

회사에 나와 보니 3월 출근카드가 없다. 직원 캐비닛을 뒤져 카드에 직원 이름을 한 명 한 명 써내려갔다. 여직원이 월말 정산한다고 미처 준비하지 않았나 보다.

오히려 써내려가는 마음이 즐겁다. 달력도 한 장씩 3월로 바꿨다. 모두 새롭다.

다른 회사보다 하루 먼저 스타트한다는 생각에 기분이 좋다. 열심히 하려는 직원들 그리고 많은 사장들 속에서 제일 부지런한 사장이 되려는 나의 마음이 있는 한 우리 회사는 어떠한 어려움도 어떠한 불황도 이겨낼 힘이 있다고 자부하는 이 시간, 3월의 태양도 더 따뜻하게 우리 회사를 비추어주는 듯하다.

회사를 위해 사장은 사장대로, 직원은 직원대로 서로가 더 애쓰려는 마음이 있는 한 우리 회사는 미래 경쟁력 있는 회사가 될 것이라는 확신이 나를 즐겁게 한다.

불황을
예비하는 자가 성공한다

'어떤 사람이 성공합니까? 성공의 방법, 성공의 법칙 좀 가르쳐 주십시오.'

생활하면서 가끔씩 한 번은 듣는 이야기다.

불황, 호황은 언제나 있는 법이다.

이는 낮과 밤이 일정주기에 따라 변하는 것과 마찬가지로 단지 일정주기만 아니지 우리에게 언제나 있을 수 있는 경제 현실이다.

중요한 것은 살면서 불황, 호황에 대해서 너무 민감하지 말고 앞일, 아니 후일을 예비하는 자가 되자는 이야기다.

"다른 사람은 고기가 없다고 낚싯대를 걷을 때, 고기가 잔뜩 걸린 그물을 힘차게 끌어올리는 멋쟁이가 되자"는 이야기다.

나 같은 경우도 불황을 예비해서 열심히 일하고 열심히 배운 게 아니다.

평소 습관대로 열심히 일했고, 평소 배움에 대한 생각대로 그저 배웠을 뿐이다.

그런 와중에 경제위기가 닥치고 사람들은 어찌할 바 모르고 당황할 때 회사도 안정적으로 나갈 수 있고, 박사학위도 받고, 에세이집도 발간하는 수확을 거둔 것이다. 그 모든 것이 오늘의 현실을 예비하고 한 것이 아니다. 중요한 것은 평소의 습관이다. 평소 성공의 습관에 충실했기 때문에 가능했던 일들이다.

지금은 또 다른 그물을 끌어당기기 위해서 새롭게 그물을 손질하고 그물을 바다를 향해 세차게 던질 또 다른 준비의 시간이란 생각이 불현듯 생각난다. 모두들 힘을 냈으면 싶다. 그저 인생을 길게 보고 열심히 하다보면 분명 우리에겐 좋은 일과 좋은 성과가 있을 것이라는 희망이 살아있기 때문이다.

눈뜨면
즐길 것을 찾아라

사람은 누구나 아침이면 눈을 뜬다.

하지만 어떤 이는 눈을 뜨면 하루의 즐길 것을 찾는 사람이 있는 반면, 그저 아무 생각 없이 눈을 뜨는 사람이 있는 듯하다.

아침에 눈을 뜨면 즐길 것을 찾아라.

불황에 눈을 뜨는 하루가 답답해도 어딘가 숨어있을 그날의 즐길 일을 찾아야 한다.

즐길 일이 없으면 인생이 건조해진다.

땅이 건조하면 푸석푸석 먼지가 나듯 인생이 건조하면 희망은 사라지고 원치 않을 악취만 풍기게 된다. 악취는 본인도 안 좋지만 주위까지 고통스럽게 한다. 흔히들 '좋아서 웃는 게 아니라 좋아지기 위해서 웃는다' 고 한다.

누구나 아침에 눈을 뜰 때면 고통스러울 때가 있는 법이다. 하지만 고통도 자신이 극복하라는 고통이고 보면 그 고통 때문에 내 하루를 즐기지 못한다는 것은 정말 어리석은 일이다. 하루쯤 답답하고 고통스러운 일은 좀 떼어놓고 즐기도록 하자. 그리하면 내가 할 일이 무엇인지 답이 보일 것이다.

아침에 즐길 것을 찾지 못하면 하루는 망치는 법이다. 요즘처럼 짜증나고 답답할 때일수록 즐거움을 잊어선 안 된다. 즐거움을 찾아 나서다 보면 할 일이 생기고 내가 하는 그 일 속에서 또 다른 즐거움이 나를 춤추게 하는 법이다. 하나의 즐거움이 더하면 또 하나의 즐거움을 위하여 더욱 열심히 하게끔 자신을 자극하고 또 자극하게 한다. 그것이 바로 '펀 도미노(Fun Domino)'인 것이다.

이 불황에 펀 도미노 열풍이 우리들의 삶에 세차게 몰아쳤으면 싶다.

뒤를 볼 수 있는
눈을 가진 자가 성공한다

왜 이럴까?

왜?

왜?

살다보면 의문부호를 달 때가 많다.

자기는 열심히 했는데 왜 그런지 모르겠다고 한다.

자기는 뼈 빠지게 일했는데 너무 하지 않느냐고 따진다.

자기가 그렇게 사랑했는데 그럴 수 있냐고 한다.

그러고 나서 원망한다. 포기한다.

그러나 그 모든 것은 욕심이다.

지나친 욕심이다.

열심히 일했는데 결과가 엉망이다.

먼저 ‘열심히 일하면 다 된다’ 는 생각을 버려야 한다.

뼈 빠지게 일했는데 보답이 돌아오지 않는다고 투덜댄다.

누가 뼈 빠지게 일하라고 얘기한적 있냐? 묻고 싶다.

뼈 빠지면 산재(産業災害)사고다.

열심히 일한다는 것은 자신의 미래를 위해 하는 것이지 회사를 위해 일한다는 착각을 버려야 한다.

자기만 상대방을 열렬히 사랑했다고 삐치지 마라.

상대방도 네가 베푼 사랑보다 더 사랑하였는지 모를 일이다.

모두 다 욕심이다.

지나친 욕심이다.

모두 다 뒤를 볼 수 있는 눈이 없기에 모를 뿐이다.

미워하지 마라. 원망하지 마라.

모두 다 내 눈이 어두워서 보지 못한 것일 뿐 자기가 보는 것이 전부가 아니라는 사실이다.

자기 자신도 다 볼 수 없는 게 인간이다.

보이는 눈만 가지고서는 자신의 신체를 다 볼 수 없다.

하물며 상대방의 뒷모습, 상대방의 마음을 헤아리기란 결코 쉬운 일이 아니다.

뒤를 볼 수 있는 혜안(慧眼)이 부족한 것을 원망하자.

상대방을 바로 볼 수 있는 심안(心眼)이 부족한 것을 탓해야 한다.

원망하고 탓할 대상은 남이 아니라 나 자신이란 사실을 알 때 일도
사랑도 내 것이 된다.

철(鐵)든 놈은 말한다.

자고로 눈에 보이지 않는(Invisible) 현상을 보려 애쓰는 놈이 언제
나 눈에 보이는(Visible) 현상만을 집착한 놈을 이기고, 또한 더 월등
하게 성공하였다는 것을……..

마중물을
준비하는 심정으로

어릴 적 고향에서 뛰놀던 어린 시절이 생각난다.

친구들과 신나게 공을 차고 우물가로 향하면 펌프가 놓여 있었다.

급한 마음에 펌프질을 해보지만 물이 나오질 않는다.

파킹이 낡아 피식피식 공기만 새어나올 뿐 펌프 압축이 되질 않는다.

잽싸게 물을 한 바가지 붓고 빠른 속도로 펌프질을 한다.

물이 콸콸 쏟아진다.

예부터 집에 손님이 오면 주인이 정중하게 마중을 나가는 게 예의였다.

수도가 없던 시절 펌프로 물을 끌어올릴 때 한 바가지 정도의 물을 펌프에 붓고 펌프질을 하듯 우리가 원하는 성공도 마찬가지란 생각이 든다.

물이 필요하다고 해서 죽어라 펌프질만 하는 놈은 미련한 놈이다. 또한 성공이 절박하다고 해서 무조건 힘만 쓰는 놈 역시 미련한 놈이다.

아무리 목이 타고 물이 급하다고 해도 당장 필요한 것은, 마중물을 먼저 붓고 펌프질하는 사람이 물을 빨리 먹을 수 있듯이 성공도 마찬가지로 성공의 마중물을 먼저 예비하고 쏟아 붓는 자가 원하는 목표를 보다 빨리 이룰 수 있다.

내게 있어 성공의 마중물은 '성공의 5가지 끈' 이라 생각한다.

성공의 5가지 끈을 곁에 두고 필요할 때마다 마중물을 붓듯 활용한다면 원하는 성공을 쉽게 이룰 수 있으리라 생각한다.

따라서 성공은 오랜 세월을 두고 5가지 끈을 부단히 갈고 닦은 자의 선물이 될 것이기 때문이다.

인연, 다양한
채널로 수놓아라

우리는 살아가면서 무수히 많은 사람과 인연이 되어 만난다. 우연이나 필연으로, 원하든 원하지 않던 많은 만남을 영위하며 살아간다. 어찌 보면 인간의 만남은 공기와 같아서 만남을 피할 수도 그렇다고 멀리할 수도 없다. 더불어 살아가야 하는 운명이기에 이왕이면 좋은 사람을 많이 만나고 좋은 사람과 많이 교류하면서 사는 것이 상책이다.

그렇다면 어떤 사람을 만나고 어떤 사람과 교류해야 좋은가?

내 생각으로는 좋은 사람은 자신의 키를 뒤돌아보면 알 수 있다. 자신의 키 높이만큼 만나며, 만나는 수준 또한 같은 것이다. 자신의 키를 높인다는 것은 '사회적으로 성공한다는 것'을 의미한다. 부지런하고 성공한 사람 곁에는 대체로 바르게 사는 사람, 열심히 노력하는 좋은 사람들이 곁에 있다. 그러나 게으르거나 실패한 사람의 곁에는 한탕주의에 목마른 허황된 사람들이 많다.

'끼리끼리 논다' 는 옛말이 있다. 이처럼 인간이 열심히 노력해서 성공하고자 하는 이면에는 좋은 사람과 다양한 채널로 삶을 풍요롭고 보다 행복하게 영위하고자 하는 인간의 속성이 내재되어 있다.

성공은 또 하나의 선물을 준다. 그것은 좋은 사람을 바로 볼 수 있는 눈(目)을 준다는 것이다. 관상쟁이는 아니더라도 사람 보는 눈 또한 성공의 크기와 무관하지 않다는 것이다. 이래저래 보아도 '성공' 이 맛있는 음식처럼 달콤한 이유도 다 그 때문일 것이다.

음식은 많이 먹으면 콜레스테롤이 증가하여 비만이나 성인병을 유발하게 하지만, 좋은 사람을 많이 만날수록 인생이 포동포동하게 살찌며, 좋은 사람들과 함께 더불어 건강하고 행복한 인생을 영위할 수 있는 보약이란 사실을 잊어서는 아니 되겠다.

오늘 할 일은
오늘이 아닌 지금하자

동이 트면 강을 건너가겠다는 생각을 버려라.

강을 건널 시기는 바로 지금이다.

요즘 사람들은 굳이 어려운 일을 하려하지 않는 것 같다.

어찌 보면 동이 트고 날씨가 좋은 때를 기다려 그저 편하게만 강을 건너갈 생각만을 하는 것 같다. 캄캄한 밤에 위험을 무릅쓰고 강을 건너는 이유를 모르겠다는 사람들이다. 참으로 똑똑한(?) 사람들, 지혜(?)로운 사람들이 많은 세상이다.

한가한 사람들…….

그들에게 성공은 강 건너 불구경하는 사람들이나 다를 바 없다.

오늘날 세상은 남보다 한 발 앞서 개척한 선구자에 의해서 지배되어

왔다.

남보다 한 발 먼저 도전하고, 경쟁사보다 한 발 먼저 기술을 개발하고, 상대팀보다 한 발 앞선 공격을 하는 자가 성공했다는 사실이다. 한 발 앞선 시작의 결과는 결국 10리, 100리 차이를 낳게 한다.

무릇 성공은 한가하게 주어지지 않는다. 똑같은 고생이지만 먼저 나아가 고생을 받아들이는 마음이 성공의 시작이요, 이는 곧 불황을 이기는 힘이 된다는 사실을 알아야 한다.

동이 트면 강을 건너기는 쉽다.

그러나 중요한 건 그때는 누구나 다 강을 건넌다는 사실이다.